*Wissensaktivierung – Neue Denkwege*

Armin Rütten,
Luca Pogoda

Wissensaktivierung
## Neue Denkwege

**Bibliografische Information der Deutschen Nationalbibliothek:**
Die Deutsche Nationalbibliothek verzeichnet diese Publikation
in der Deutschen Nationalbibliografie; detaillierte bibliografische
Daten sind im Internet über http://dnb.d-nb.de abrufbar.

© 2012 Armin Rütten, Luca Pogoda

3, überarbeitete Auflage, 2017

Satz, Umschlaggestaltung, Herstellung und Verlag:
BoD – Books on Demand

ISBN: 978-3-7431-9342-0

# Vorwort

Liebe Leserin, lieber Leser,
angelehnt an den Werbeslogan „Du bist was Du isst" sind wir auch, was und wie wir denken.
Dabei geschieht das Denken nicht ganz so voraussetzungslos. Basis des Denkens sind Worte und Regeln. Die Effizienz der Gedanken hängt von der Tiefe unseres Verständnisses für deren gekonnte Verzahnung und die Tiefe der inhaltlichen Bedeutung dieser Worte ab. Ergo von unserer Gehirnleistung (Prozessor) und des sogenannten „Gebildetseins" in all seiner Qualität und Quantität (Schul- und Berufsbildung, Belesenheit, Interessen, Kommunikation, Lebenserfahrung etc.).
Gleichzeitig ergibt sich aus unserer ureigenen Gedanken-, Erfahrungs- und Wissenswelt die individuelle Wahrnehmung und Fähigkeit, Zusammenhänge zu konstruieren, um eventuell im persönlichen Verständnis zu wachsen.
Bekannte Pioniere wie Euklid, Phytagoras und Thales schufen den Rahmen der geometrischen und mathematischen Auseinandersetzung mit unserer Welt. Andere, stellvertretend Sokrates und Kant genannt, warfen Schlaglichter auf das, was wir Denken nennen und wie wir dabei vorgehen.
Im Ergebnis dieser erkenntnistheoretischen Bemühungen begannen wir Menschen auf der Basis einiger mythogener Ideen (wie etwa Leben, Tod, Seelen, Materie und Licht) irgendwann Wissen zu behaupten. Kollektiv gesammelte Erkenntnisse und Erfahrungen bildeten Wissenschaften (Physik, Chemie, Biologie etc.), deren Verfügbarmachung unser Leben einerseits komfortabler und andererseits erheblich komplizierter machen.
Das vorliegende Werk gibt einen auszugsweisen Einblick in die philosophische und praxisorientierte Basis der

Wissensaktivierung, die entwickelt wurde, um befähigten Köpfen verfügbar zu machen, worauf eigentlich all unser Werte, Wünsche und gedachten Realitäten beruhen, jene Wurzeln also unseres Selbst- und Weltverständnisses.

Der lesende Mensch, der das im Buch Beschriebene weiterdenkt, wird bemerken, wie man sich persönlich von alt implementierten Denkblockaden bereinigen kann, die anno dazumal zur Beregelung der Massen geschaffen wurden. Inzwischen sind diese indoktrinierten Denkweisen im wahrsten Sinne zu Blockaden mutiert und zur Belastung geworden. Die geistigen Kinder der „Aufseher der Gedanken" verstehen selbst nicht mehr, was Herrschaftswissen ist. Einer gelungenen Aktualisierung harrte man bisher wahrlich sinnlos.

Wenn Sie sich nicht dem Rezepte Konsum aus dem heutigen Coaching-Tourismus ergeben möchten oder etwa durch Bereisen kindlich stillender Systeme (wie Religionen oder etwas wie NLP) der geistigen Belanglosigkeiten entziehen wollen, dann ist die vorliegende Lektüre für sie die Richtige.

Dem Individuum, welches doch kritisch zu bedenken beginnt, dem winkt noch bei der Entrümplung seiner Gläubigkeitsräume ein ihm eigener Verstand.

Ein Verstand mit aufgeklärter Natur und geringerem, neurologisch belastendem, inneren Konfliktgeschehen.

Wir wünschen Gutes bei Ihrer Reise
Armin Rütten und Luca Pogoda

Unser Dank für den Umschlagstext an den Kulturanthropologen Dr. Herbert Jost-Hof und besonderer Dank Dr. Erwin Kampf für die kreative Gestaltung

# Inhaltsverzeichnis

1. Einleitung . . . . . . . . . . . . . . . . . . . . . . . . . . . . . . . . . . . . . 9
2. Was ist Wissen? . . . . . . . . . . . . . . . . . . . . . . . . . . . . . . . . 13
   - 2.1 Mathematik . . . . . . . . . . . . . . . . . . . . . . . . . . . . . . . . 17
   - 2.2 Logik und menschliches Bedürfnis . . . . . . . . . . . 21
   - 2.3 Grundlegung der Naturwissenschaft . . . . . . . . . 27
   - 2.4 Abschließendes Resümee zu Kapitel 2 . . . . . . . . 32
3. Wahrheiten und Regelräume . . . . . . . . . . . . . . . . . . 38
   - 3.1 Abendländische Religionssysteme . . . . . . . . . . . 42
   - 3.2 Ethiken . . . . . . . . . . . . . . . . . . . . . . . . . . . . . . . . . . . 48
   - 3.3 Abschließendes Resümee zu Kapitel 3 . . . . . . . . 52
4. Sinn . . . . . . . . . . . . . . . . . . . . . . . . . . . . . . . . . . . . . . . . . 56
   - 4.1 Sprache . . . . . . . . . . . . . . . . . . . . . . . . . . . . . . . . . . 60
   - 4.2 Abschließende Anmerkungen . . . . . . . . . . . . . . . 64
5. Wohin führt eine individuelle Wissensaktivierung . 66
6. Komprimierter Abriss der wichtigsten Aussagen und Inhalte des absoluten Konstruktivismus . . . . . . 69
   - 6.1 Abstraktion und Assoziation . . . . . . . . . . . . . . . . 72
   - 6.2 Die grundlegenden Funktionsprinzipien des menschlichen Geistes . . . . . . . . . . . . . . . . . . . 78
   - 6.3 Stufen geistiger Entwicklung . . . . . . . . . . . . . . . . 83
     - 6.3.1 Der Level des natürlichen Geistes . . . . . . . 84
     - 6.3.2 Der Level des Verstandesdenkens . . . . . . . 85

| | 6.3.3 | Der Level des Vernunftdenkens | 86 |
|---|---|---|---|
| | 6.3.4 | Der Level des subjektiven / objektiven Geistes und absoluten Geistes | 87 |

6.4 Unterbewusstsein, Vorbewusstsein, Bewusstsein und Bewusstheit ... 90

7. Gedankenschnipsel zum Knabbern und Knacken ... 94

  7.1 Kürzere Gedankenschnipsel ... 95

  7.2 Etwas längere Denkanregungen ... 108

8. Über die Autoren ... 111

9. Literaturverzeichnis ... 113

# 1. Einleitung

Dieser Text über die Grundlagen der Wissensaktivierung (im Weiteren auch WA) als Methode zur Erschließung neuer Denkwege gewährt Einblick in ein ideologieneutrales System umfassender Geistes- und Persönlichkeitsentwicklung für Menschen mit besonders gut angelegtem Verstand. Aus dieser Formulierung wird bereits ersichtlich, dass die Verfasser sich nicht der Idee einer generellen Gleichheit aller Hirne anschließen.[1] Um es in einem Bild auszudrücken: Wir mögen Fortbewegungsmittel der Kategorie Auto haben, doch jedem ist einigermaßen klar, dass diese sich bei aller grundsätzlichen Ähnlichkeit (geeignet zur Personenbeförderung, 4 Räder, Verbrennungsmotor etc.) in ihrer Ausstattung und Leistung erheblich voneinander unterscheiden. Das hier Geschriebene versorgt die Klasse der top-motorisierten Fahrzeuge mit dem nötigen Brennstoff, um die angelegte Leistungsfähigkeit der Motoren voll ausreizen zu können.

Das Ziel wissensaktivierender Maßnahmen besteht zunächst darin, Menschen mit gehobenem „Mutterwitz" (nach Kantscher Definition) aufzuzeigen, durch welche gesellschaftlich gewachsenen Vorstellungen und Denkmuster ihre eigenen geistigen Prozesse in erheblichem Maße eingeschränkt werden. Nachdem diese oftmals erheblich blockierenden Vorstellungen und Denkmuster erkannt wurden, wird es dem Individuum unter Zuhilfenahme wissensaktivierender Methodiken ermöglicht, sich von ihnen zu befreien. Hierdurch entsteht die Befähigung, originäre Lösungen zu gefühlten Problemen

---

[1] Wer sich im Detail mit den verfügbaren wissenschaftlichen Erkenntnissen dazu versorgen möchte, dem seien die aktuellen Arbeiten (Stand Juni 2012) der Jülicher Forschergruppe um Frau Prof. Katrin Amunts ans Herz gelegt.

hinsichtlich der eigenen Lebensqualität und bis dato scheinbar „unlösbarer" Fragestellungen selbst zu entwickeln. Die auf diesem Wege generierten Lösungen bzw. Antworten sind in keinster Weise mit jenen zu vergleichen, die man etwa durch Selbsterfahrungscamps oder eine Psychotherapie erhalten würde. Denn gerade Psychotherapien dienen primär dem Zweck, das einzelne Individuum wieder gesellschaftlich funktionstüchtig zu machen und zielen nicht darauf ab, dem Einzelnen zu wirklichem Durchblick oder geistigem Wachstum zu verhelfen – wozu sie aufgrund ihres rezeptorientierten Charakters auch nicht geeignet sind.[2] Nach unserer Kenntnis ist die Wissensaktivierung in der Tat das einzig derzeit verfügbare System zur Geistesentwicklung, das speziell auf die Bedürfnisse von überdurchschnittlich begabten Menschen entwickelt wurde.

Der Grund dafür, dass die Wissensaktivierung nur für hoch- und höchstbegabte Menschen geeignet ist, liegt unter anderem darin, dass die gesellschaftlich gewachsenen Vorstellungen und Denkmuster, die sie geistig blockieren, für den durchschnittlich begabten Menschen absolut notwendig und funktional sind, um in psychischer und sozialer Hinsicht zurechnungs- und handlungsfähig zu sein. Denn jene gesellschaftlich gewachsenen Vorstellungen und Denkmuster stellen für den normal begabten Menschen Richtlinien und Regeln dar, an welchen er sich orientieren kann und welche ihm Handlungssicherheit im Alltag vermitteln. Wenn man einem solchen stark nach Sicherheit strebenden und regelbedürftigen Verstand nun seine Lebensrichtlinien und seinen Regelglauben nimmt, hat er nichts mehr, woran er sich orientieren könnte, da er im Gegensatz zu einem besser angelegten Verstand nicht in der Lage

---

[2] Hiervon in Grenzen ausgenommen seien die humanistischen Therapieansätze von Maslow und Rogers (Maslow, 1985; Rogers, 2005; Rogers, 2006).

ist, aus sich und für sich selbst wirksame und zudem sozialverträgliche Handlungsmaximen abzuleiten. Einfach ausgedrückt: Die Wissensaktivierung fügt einem stark nach Sicherheit strebenden und regelorientierten Verstand mehr Schaden zu, als dass sie ihm Nutzen bringt, da sie mit den meisten der gesellschaftlich gewachsenen Vorstellungen und Denkmuster aufräumt, die einen besser angelegten Verstand wiederum erheblich in seiner Entwicklung und Funktionstüchtigkeit hemmen. Somit hat die Wissensaktivierung für Menschen mit einem besser angelegten mentalen Apparat einen enorm kurativen und salutogenetischen Effekt, wohingegen sie – hinsichtlich ihrer Funktion und Wirkung – für den durchschnittlichen Verstand eindeutig als destruktiv einzustufen ist.[3]

Das Ziel dieses Buches besteht gemäß des Konzepts der Wissensaktivierung vor allem darin, typische, gesellschaftlich gewachsene Vorstellungen und Denkmuster zu beleuchten, die bei der bereits genannten Zielgruppe zu Denkblockaden und z.T. schweren persönlichen Belastungen führen. Da erst eine differenzierte Auseinandersetzung mit allgemeinen Grundbegriffen wie Wissen, Ethik, Wahrheit, Glaube, Sinn und Sprache die auf uns täglich einströmende Menge an Wissen und Information sinnvoll erschließbar und anwendbar werden lässt, beschäftigt sich dieses Buch primär mit der differenzierten Beleuchtung gerade dieser Termini. Die folgenden Ausführungen, in der gewählten Zusammenstellung von Themenkomplexen, sollten keinesfalls mit einer individuellen

---

[3] Wir möchten uns an dieser Stelle nicht anmaßen, pauschal und ohne Kenntnis der jeweiligen Person irgendwelche Einschätzungen hinsichtlich der Verstandestauglichkeit der Leserinnen und Leser vorzunehmen. Grundsätzlich raten wir jedem Menschen, der zu einer Form von Götzenverehrung neigt (ganz gleich ob sich diese auf religiöse oder nicht-religiöse Inhalte bezieht) oder bei dem sogar ein Leiden an psychopathologischen Syndromkomplexen diagnostiziert wurde, von der Lektüre der im folgenden dargelegten Sachverhalte ab.

Wissensaktivierung gleichgesetzt werden, die in ihrem kurativen und neue Denkwege erschließenden Effekt noch um ein Vielfaches nutzbringender sein wird, als die bloße Lektüre der im folgenden dargelegten Inhalte sein kann.

Dabei geht die Basis für die folgenden Darlegungen zur WA (Kapitel 2 bis 5) aus tiefenphilosophischer Erkenntnis hervor, die in eine Systematik mündeten, der Armin Rütten den Namen „absoluter Konstruktivismus" gegeben hat. Aus diesem Grund wird im letzten Kapitel dieses Buches (Kap. 6) kurz auf die wesentlichsten Kernaussagen und Konzepte des absoluten Konstruktivismus eingegangen.

## 2. Was ist Wissen?

„Wissen" ist nicht „einfach da", genauso wie „Denken" nicht einfach da ist. Es entsteht. Und das bedeutet: es kann in einem bestimmten Maße beeinflusst, erlernt und auch nachträglich verändert werden.

Ein anschauliches Beispiel für die Genese und Veränderbarkeit von Wissen, stellen die verschiedenen, nacheinander von Menschen entwickelten kosmologischen Weltbilder dar: So wusste man bis ins Mittelalter hinein, dass die Erde das Zentrum unseres Universums ist (geozentrisches Weltbild). Hingegen wusste man nach der kopernikanischen Wende, die sich zu Beginn der Neuzeit vollzog, dass nicht die Erde, sondern die Sonne Zentrum unseres Universums ist (heliozentrisches Weltbild). Heutzutage gilt das heliozentrische Weltbild als überholt, da wir mittlerweile wissen, dass die Sonne nicht Mittelpunkt des Universums ist, sondern einer unter unzähligen Sternen. Allerdings sind auch heute noch viele Fragen hinsichtlich Zusammensetzung, Entstehung und physikalischer Abläufe unseres Universums weitgehend ungeklärt: Erstens haben wir bisher keine letztgültigen Konzepte davon, was etwa Licht oder Gravitation sind. Zweitens beginnen wir allmählich zu verstehen, dass kosmologische Konstanten nicht konstant sind und der bisherige Materiebegriff keine Substanz hat. Drittens hat beispielsweise ein international anerkannter deutscher Physiker jüngst damit begonnen, zeitgenössische kosmologische Untersuchungen basierend auf der Idee eines Urknalls gewaltig auf den Kopf zu stellen, indem er mit Singularitäten und anderen Erkenntnisgrenzen erheblich aufräumt (Bojowald, 2010).

In diesem Sinne ist alles Wissen, über das wir verfügen, nie mehr als eine mehr oder minder gelungene und akkreditierte

Meinung, die, wie am Beispiel des gerade dargelegten Wissenswandels kosmologischer Weltbilder dargelegt, eine gewisse Halbwertszeit hat. Dass Wissen lediglich den Stellenwert einer subjektiv für plausibel gehaltenen Meinung / Ansicht hat, wird auch anhand des folgenden Beispiels deutlich: Ein Kind, das nachts aufgrund eines Albtraumes aufwacht und seinen Vater mit Nachdruck über die Existenz einer gefährlichen Kreatur im Kleiderschrank informiert, *weiß*, dass sich ein solches Geschöpf im Kleiderschrank befindet. Denn das Kind ist in diesem Falle von der Existenz einer gefährlichen Kreatur im Kleiderschrank überzeugt. Das bedeutet, dass die gefährliche Kreatur im Kleiderschrank *für das Kind* tatsächlich existiert bzw. real ist. Somit *weiß* das Kind, solange es nicht vom Gegenteil überzeugt wird, dass sich dieses Wesen im Kleiderschrank befindet. Aus dem Verhalten des Vaters, welches darauf abzielt, das Kind zu beruhigen und von seiner Überzeugung abzubringen, wird ersichtlich, dass dieser *zu wissen glaubt*, dass sich keine gefährliche Kreatur im Kleiderschrank befindet. Auch hieraus geht also hervor, dass Wissen lediglich den Stellenwert einer Meinung hat und somit etwas Subjektives ist. Damit soll jedoch nicht gesagt sein, dass alles Wissen bzw. alle Meinungen hinsichtlich seiner bzw. ihrer nutzbringenden Effekte den gleichen Stellenwert haben. Anders ausgedrückt, propagiert die obige Aussage keine Beliebigkeit hinsichtlich des Wertes verschiedener Wissensinhalte:

Optimalerweise wird Wissen angereicht bzw. vermittelt, um eine generelle Erkenntnisfähigkeit herauszubilden, die später dazu führt, dass ein Mensch (der mit einem gesundem Basiswissen ausgestattet ist) in verschiedensten Umgebungen funktionieren kann, da ihm beim Wissenserwerb die durchaus bestimmbaren Grundkomponenten für eine schnelle, flexible und angepasste Erkenntnisgenerierung vermittelt bzw. angereicht wurden. Dies war ein Seiteneffekt humanistischer Bildung.

So bringt beispielsweise jede erworbene Fremdsprache andere Beschreibungen und Gewichtungen einer geschilderten Situation oder Umgebung mit sich, weshalb einem Vielsprachigen automatisch verschiedene Formen der Realitätsbeschreibung verfügbar sind.

Bedauerlicherweise dient die Vermittlung bzw. das Anreichern von Wissen heutzutage nicht der Herausbildung flexibler Erkenntnisfähigkeit, sondern der Ausbildung spezieller berufsbzw. tätigkeitsbezogener Fertigkeiten. Dies hat zur Folge, dass die betroffenen Personen zwar über ein gutes, unhinterfragtes Spezialwissen verfügen, jedoch a) unfähig sind, aus ihrem vorhandenen Wissensfundus für andere als ihre Spezialumgebung anwendungstaugliche Erkenntnisse zu gewinnen und b) bei einer sich verändernden Arbeitsumgebung, wie sie z.B. durch einen technologischen Wandel entsteht, große Schwierigkeiten haben, sich die neuen, jetzt erforderlichen Fertigkeiten anzueignen.

Am Beispiel körperlicher Befähigung lässt sich dabei der Unterschied zwischen genereller Befähigung und spezifischer Fertigkeit schnell und leicht erhellen, der in gleicher Weise auch für unseren mentalen Apparat gilt: Werden durch das Betreiben von Kampfkunst oder Free Climbing ein umfassendes Körpergefühl wie auch eine gute Basisstärke und Flexibilität gewonnen, da beide Bewegungsarten einen hohen ganzheitlichen Entwicklungsanspruch mit sich bringen, so werden beim Sprinten, Gehen oder Fußballspielen nur spezielle Fertigkeiten ausgebildet. Insbesondere sogenannte „weiche" Kampfkünste stellen große Ansprüche in puncto Kennen und Einschätzen Lernen eigener wie gegnerischer Anlagen und belohnen durch eine Entwicklung gehobener Erkenntnisfähigkeit, die den fortgeschrittenen Ausübenden in die Lage versetzt, sich in kürzester Zeit in allen möglichen, körperlich beschränkten Anforderungen unterliegenden Disziplinen zu beweisen. Umgekehrt darf man keine erhöhte Transferleistung von Sporttreibenden erwarten, deren Betätigung rein singulär auf bestimmte Bewegungsformen und -abläufe ausgerichtet ist.

Ergo gilt: Erwirbt man die Fähigkeit zu einem ganzheitlich aktivierten Einsatz seiner mentalen „Muskeln", wird man sich schnell in alle möglichen geistigen Einsatz beanspruchenden Felder einarbeiten können, während die gängige Ausbildung in unserer Kultur zur Formung rein partiell fähiger Funktionserfüller tendiert. Da nur diejenigen, die wirklich verstehen, wie sie selbst, andere und „Dinge" funktionieren, wirksamen Einfluss auf ihre Umgebung ausüben können, beantwortet sich die Frage, warum man auf unserem Kulturlevel nicht mehr auf Erkenntnisfähigkeit hin ausbildet, von selbst: Lässt man solcherart einen mündigeren Bürger heranwachsen, hat man schnell eine kritische Masse schwer kontrollierbarer „Menschfaktoren", die ihre erkannten Möglichkeiten zur Einflussnahme auch ausüben wollen.

Im Folgenden möchten wir stellvertretend drei Wissensbereiche oder Begriffe besprechen, deren subjektiver Charakter vielen Menschen nicht geläufig und direkt offenbar ist, die aber in hohem Maße genutzt werden, um daraus Ansprüche an die eigene Person, an Andere und die gefühlte Realität des Alltages zu formulieren. Diese Themenkomplexe sind Mathematik, Logik und Naturwissenschaft.

Auch wenn das nun folgende Unterkapitel zur Mathematik einer der abstraktesten und wahrscheinlich am schwersten zu fassenden Abschnitte dieses Buches ist, haben wir uns entschlossen, es aufgrund seiner Wichtigkeit an den Anfang zu stellen.

## 2.1 Mathematik

So wie a) irgendwo ein Urmeter[4] herumliegt, b) ein öliger und noch immer langsam auseinander glitschender Klumpen[5] das Maß der Basis von Viskosität ist oder c) wir uns über Gewichtsangaben verständigten, so haben alle unsere alltagsrelevanten Begriffe eine Grundlegung. Allerdings haben wir uns auf Eichmaße, wie die obigen, geeinigt: In der Natur finden sich bekanntermaßen keine Gegenstände, die mit Etiketten versehen sind und auf denen etwa ihr Gewicht vermerkt wäre.

Dass die Mathematik nach genauem Hinsehen ebenfalls ein Konstrukt ist und sich nicht auf geheimnisvolle Weise durch die Natur definiert, ist zunächst einmal schwierig zu verstehen, doch gleichwohl Fakt. Ein Problem bei der Verdeutlichung des Konstruktcharakters von Mathematik liegt allerdings darin, dass die wichtigsten ihrer Grundlagen (u.a. die grundlegenden Zahlenbegriffe) so sehr Bestandteil des Alltagsdenkens geworden sind, dass wir sie für „natürlich" halten. Doch woher kommt eigentlich die „1" (bzw. der Zahlenbegriff „Eins"), welche die Basis ist für z.B. a) alle folgenden Operationen in Addition, Subtraktion, Multiplikation, Division, etc., b) eine Mengenlehre und c) das Maßnehmen?

Bei Einführungen zu diesem Thema wird meist angeraten, die „1" als imaginären Punkt zu verstehen. Stellt man sich nun einen weiteren imaginären Punkt vor, kann man „Eins und Eins zusammenzählen" und somit zu rechnen beginnen. Das Ergebnis dieser Rechnung ist die Erkenntnis, dass sich „zwei" Einsen bzw. Punkte in dem vorgestellten imaginären Raum befinden. Dabei bedeutet die Aussage „zwei Einsen bzw. Punkte" nichts

---

[4] Für weitere Details siehe: Wikipedia, Urmeter, 2012
[5] Für weitere Details siehe: Wikipedia, Pechtropfenexperiment, 2012

anderes, als dass die jeweiligen imaginären Punkte bzw. Einsen identisch sind.

Bei genauerem Hinsehen fällt jedoch auf, dass diese beiden Punkte eben nicht gleich sind; denn sie können sich niemals hinsichtlich ihrer zeitlichen und räumlichen Eigenschaften völlig gleichen: Beide Punkte / Einsen können in der menschlichen Vorstellung niemals zum selben Zeitpunkt an der gleichen räumlichen Stelle vorgestellt werden.

Werden sie an der gleichen räumlichen Stelle vorgestellt, so ist das nur zu unterschiedlichen Zeitpunkten möglich. Daraus geht hervor, dass jedes konkrete Einzelding (z.B. ein Punkt mit all seinen Eigenschaften wie Ort und Zeit) in der menschlichen Vorstellung nur einmal existieren kann. Das heißt, dass jedes Einzelding die Eigenschaft hat, „einzig" zu sein. Sobald man die Aussage „Zwei" bzw. „zwei Einsen / Punkte" oder „zwei Einzeldinge" tätigt, behandelt man jene, eigentlich voneinander verschiedene Einsen / Einzeldinge als gleich – was, wie gerade dargelegt, streng genommen nicht der Fall ist.

Die Aussage „Zwei" bzw. „zwei Einsen / Punkte" ist nur dann möglich und valide, wenn man die Verschiedenheit der räumlichen und zeitlichen Eigenschaften beider Punkte außer Acht lässt, d.h. wenn man alle Eigenschaften abzieht (i.e. abstrahiert), hinsichtlich derer sich die beiden Punkte voneinander unterscheiden.

Hieraus wird offenbar, dass dieses „abziehen" von Eigenschaften – also die Voraussetzung für alle Zähl- und grundlegenden Rechenvorgänge – eine Leistung des menschlichen Geistes ist. Denn per se gibt es in der Natur, wie wir sie wahrnehmen, keine zwei wirklich gleichen Gegenstände bzw. Einzeldinge; je genauer man sie nämlich „unter die Lupe nimmt", um so klarer wird man Unterschiede in ihrer jeweiligen Beschaffenheit wahrnehmen. Um dies einzusehen braucht man sich nur vorhalten, dass keine zwei Gegenstände die gleichen räumlichen und zeitlichen Eigenschaften haben können, d.h., keine zwei Gegenstände können sich zur gleichen Zeit am gleichen Ort befinden. Das folgende Alltagsbeispiel soll dazu dienen, die gerade recht abstrakt dargelegten Sachverhalte etwas plastischer erscheinen zu lassen:

Angenommen, man betrachtet fünf Äpfel, die vor einem auf dem Tisch liegen. Wenn man jeden Apfel genauer untersucht, dann fällt auf, dass jeder eine leicht unterschiedliche Farbe und Form[6] hat. Zudem kann es sein, dass jeder Apfel etwas unterschiedlich schmeckt, was darauf zurückgeführt werden könnte, dass die fünf Äpfel unterschiedlich reif sind. Ebenso könnten sich die Äpfel in der Anzahl ihrer Kerne unterscheiden. Jedes der fünf Objekte auf dem Tisch ist also streng genommen von jedem anderen, ebenfalls auf dem Tisch liegenden Objekt verschieden. Trotzdem treffen wir Aussagen wie „Auf dem Tisch liegen fünf Äpfel". Mit dieser Aussage wird de facto ausgedrückt, dass sich fünf (Klassen-)gleiche Objekte auf dem Tisch befinden.

Erst wenn man sich von den gerade genannten Eigenschaften der fünf Objekte gedanklich befreit hat und somit jene fünf Objekte über ihre gemeinsamen Attribute (wie rundlich, saftig, fruchtig, groß wie Tennisbälle usw.) als gleichartig vorstellt bzw. denkt, wird die Aussage „Auf dem Tisch liegen fünf Äpfel" überhaupt möglich. Ebenso wird es durch den gleichen geistigen Prozess erst möglich, je drei auf dem Tisch liegende Äpfel und Birnen unter dem Oberbegriff „Früchte" zu sechs

---

[6] Selbst wenn sich mit dem bloßen Auge keinerlei Formunterschiede feststellen ließen, wird dieser Sachverhalt durch Zuhilfenahme eines Mikroskops evident.

„Früchten" zusammenzuzählen bzw. zu addieren (i.e. man muss sich von allen Eigenschaften befreien, die jedes einzelne Objekt verschieden erscheinen lassen und zusätzlich von jenen Eigenschaften, die Äpfel von Birnen unterscheiden).

Das obige Beispiel macht nochmals deutlich, dass selbst die grundlegenden mathematischen Zusammenhänge nicht in der Natur liegen, sondern vielmehr ein Produkt unseres Geistes sind. Mathematisches Wissen ist demnach subjektives Wissen, i.e. Wissen, welches sich der Mensch konstruiert hat und welches von der Beschaffenheit und Funktionalität des menschlichen Geistes abhängt.[7] Die Mathematik ist somit als ein elegantes menschliches Konstrukt anzusehen, mit dessen Hilfe wir in der Lage sind, sehr präzise Aussagen zu tätigen. Nichtmenschliche „Intelligenzen" könnten also, in Abhängigkeit von ihrer geistigen Funktionalität, andere Mathematiken konstruieren.

---

[7] Wenn wir geistig nicht in der Lage wären, verschiedene Objekte als gleich zu betrachten, wären wir beispielsweise unfähig zu zählen.

## 2.2 Logik und menschliches Bedürfnis

Ebenso wie die Mathematik ist auch die Logik ein von Menschen geschaffenes formales System oder Konstrukt. Dabei bilden die in der Logik verwendeten Operatoren und Regeln, die Funktionsweise des linear-kognitiv arbeitenden Teils unseres Geistes ab. Neben dieser linear-kognitiv arbeitenden Komponente, besitzt der menschliche Geist noch eine nicht-linear arbeitende Komponente, auf die an dieser Stelle jedoch nicht weiter eingegangen werden soll (siehe hierzu Kap. 6.2). Dass in der Logik Aussagen wie „A ODER B", „A UND B", „WENN A, DANN B", „NICHT ((A ODER B) UND C)" vorzufinden sind, ist also darauf zurückzuführen, dass der linear-kognitiv arbeitende Teil unseres Geistes Informationen auf eine Weise verarbeitet, die wir durch die gerade genannten Beispielaussagen charakterisieren bzw. beschreiben.

Nun gibt es innerhalb der Logik, verstanden als Disziplin, unterschiedliche Arten von Logiksystemen auch „Logiken" genannt, die sich unter anderem dahingehend voneinander unterscheiden, wie komplex und differenziert die Aussagen sein können, die mit Hilfe einer bestimmten Logik getätigt werden können. So ist es in höherwertigen Logiken möglich, bestimmte Aussagen auf sehr komplexe Weise mit andern zu verknüpfen und spezielle Rahmenbedingungen für die Gültigkeit dieser Aussagen zu formulieren. Viel interessanter ist allerdings, dass es einem guten Logiker, der die bestehenden Logiksysteme nicht bloß „anwenden" kann, möglich ist, auf Grundlage der bisher bestehenden Logiksysteme ein neuartiges Logiksystem zu entwickeln, das zu den bereits bestehenden Logiksystem zwar in mancher Hinsicht verwandt ist, jedoch Aussagen und Argumentationsstrukturen ermöglicht, die in dieser Form in keinem anderen Logiksystem möglich sind.

Die gerade genannte Befähigung ist von gravierender Bedeutung, da sie den *Verstandesdenker* vom *Vernunftdenker* unterscheidet: Die Begriffe „Verstandesdenken" und „Vernunftdenken" geben an, ob ein Mensch lediglich in der Lage ist, sich in einem gegeben Regelraum zu bewegen oder darüber hinaus auch befähigt ist, aus sich selbst heraus neue Regeln oder gar ganze Regelräume herzuleiten.

Bezogen auf die Logik, wäre ein durchschnittlich begabter Verstandesdenker jemand, der die einfacheren Logiksysteme sicher anwenden kann, jedoch erhebliche Schwierigkeiten bei der Anwendung höherwertiger Logiksysteme hat. Ein hochbegabter Verstandesdenker im Bereich der Logik wäre ein Mensch, der auch die Anwendung komplexerer Logiksysteme mit Leichtigkeit meistert. Jedoch sind sowohl der durchschnittlich begabte Verstandesdenker als auch der hochbegabte Verstandesdenker unfähig, ein neues Logiksystem aus den bereits bestehenden Logiksystemen selbstständig herzuleiten oder bestehende Logiksysteme hinsichtlich ihres intrinsischen Wertes gegeneinander abzuwägen. Genau das zeichnet den Vernunftdenker im Bereich der Logik aus.

Die Unterscheidung von Verstandes- und Vernunftdenken gilt nicht nur im Bereich der Logik, sondern in allen Bereichen des menschlichen Denkens und Handelns – und somit auch in Bezug auf die Regeln des Alltags und des sozialen Umganges.[8] Wir haben zunächst versucht, jene Unterscheidung im Bereich der Logik plausibel zu machen, weil sie in einem abstrakten Konstrukt wie „Logik", welches rein auf fest definierten Regeln basiert, leichter einzusehen ist, als im Falle von gesellschaftlichen bzw. alltäglichen Zusammenhängen. Der Grund dafür liegt

---

[8] Jemand der im Bereich der Logik als Verstandesdenker klassifiziert werden mag, kann durchaus in anderen Bereichen ein Vernunftdenker sein.

darin, dass es im Falle von gesellschaftlichen bzw. alltäglichen Zusammenhängen Menschen oftmals nicht bewusst ist, dass sie unhinterfragt ihnen gesellschaftlich aufgeprägte Regeln und Konzepte anwenden, obwohl einige dieser Menschen grundsätzlich in der Lage wären, eben diese Regeln und Konzepte zu hinterfragen und für sich selbst zu eruieren, ob diese Regeln und Konzepte nicht durch für sie selbst zuträglichere (und von ihnen selbst konstruierte) ersetzt werden sollten.

Beispielsweise haben wir im Rahmen individueller Wissensaktivierungen wiederholt feststellen können, dass viele Menschen Konzepte wie „Freundschaft", „Paarbeziehung", „Familie", „Trauer", „erfülltes Leben" unhinterfragt aus dem ihnen präsenten gesellschaftlichen Fundus übernehmen; und zwar deswegen, weil ihnen nicht bewusst ist, dass jene Begrifflichkeiten gesellschaftlich gewachsene und konstruierte Konzepte sind, die in ihrer Formulierung situativ und individuell angepasst werden können. In einigen Fällen konnten wir sogar beobachten, dass Klienten bereits auf eine sehr unscharfe Weise spürten, dass die gesellschaftlich bestehenden Regeln und Konzepte in großem Umfang nicht zuträglich für sie selbst sind. Jedoch lag die Idee, in Reaktion auf dieses Empfinden jene Konzepte zu hinterfragen und für sich selbst zu modifizieren, in weiter Ferne – obwohl genau das, wie sich schließlich ergab, die Lösung für z.T. jahrelange Beeinträchtigungen der Lebensqualität darstellte.[9] Wie der Gebrauch von Logik und menschliche Bedürfnisse zusammenhängen, wenn wir Behauptungen treffen, soll folgendes Beispiel zeigen:

---

[9] An dieser Stelle soll der Leser zu seiner eigenen Sicherheit darauf hingewiesen sein, dass die Hinterfragung mancher individuell übernommener, gesellschaftlicher Konzepte anfangs sehr schmerzhaft sein kann und u.U. mit starken Befindlichkeitsstörungen einhergeht, wenn jene Hinterfragung nicht im Rahmen einer individuellen Wissensaktivierung vollzogen wird.

Viele Menschen empfinden Situationen der „Trauer", von der sie sich nicht so einfach befreien können. Gesellschaftlich gilt es als logisch, nach dem Ableben eines geschätzten Menschen um diesen zu trauern. Infolgedessen wird der Zusammenhang konstruiert, wer nicht trauert, könne den Verstorbenen ja nicht geschätzt haben. Das heißt, nicht-trauern erweckt mehrheitlich den Anschein von Gleichgültigkeit gegenüber Menschen und deren Ableben, während Trauern als logischer Schluss beim Ableben geschätzter Menschen verstanden wird.

Hält man sich jedoch vor Augen, dass Trauer an sich dem Verstorbenen rein gar nichts bringt, entlarvt sich „Trauer" zunächst als ein persönliches Problem, dass man mit dem Ableben des Verstorbenen hat und der gedacht logische Zusammenhang von „nicht-trauern = nicht-schätzen" geht vollständig verloren. Das eigentliche, „moralisch" / psychologisch begründete Logik-Problem besteht darin, dass der Verstorbene dem Trauernden zu Lebzeiten bestimmte Dinge bieten konnte, die der Trauende nun vermisst und gerne wieder haben würde. „Trauer" kann daher als eine narzisstische Kränkung des Trauernden angesehen werden und die Logik des in Einsicht gereiften Menschen wäre, keine Trauer zu empfinden.[10]

Durch eine umfassende WA wird ein Mensch in genau diese Lage versetzt – *id est* mit sich und seinem Leben Eins zu sein und aus diesem Grunde nicht mehr trauern zu müssen. Das

---

[10] „Enttäuschung" ist ein anderer missgehandelter Begriff: Die meisten Menschen mögen keine Enttäuschung, weshalb es logisch anmutet, dass sie vermieden wird. Doch nimmt man jenen Begriff wörtlich, so sagt „Ent-Täuschung" nichts anderes, als dass sich jemand täuschte (aktiv) und hernach eine bereinigte Kenntnislage hat. Derjenige der sich „täuschte" konnte sich also von seiner Täuschung befreien, was grundsätzlich positiv ist, da dieser Mensch nun einen klareren / bereinigten Blick auf bestimmte Zusammenhänge gewonnen hat (d.h. er wurde ent-täuscht).

bedeutet, dass dieser Mensch nicht mehr auf die Befriedigung seiner Bedürfnislagen durch andere Personen angewiesen ist, da er diesen Zusammenhang vergegenwärtigt und anderweitig für Abhilfe sorgt.

Das hat, wie bereits erwähnt, zur Folge, dass die bisher vorherrschende diffuse Idee „trauern zu müssen" vollständig ausgeräumt wird. Das heißt jedoch nicht, dass es dieser Mensch nicht möglicherweise „schade" findet, wenn manche seiner geschätzten Menschen sterben. Man kann in Bezug auf den letzten Satz jedoch nicht genug betonen, dass das Wort „schade" in diesem Falle ein jegliches, mit ihm teilweise assoziiertes affektives Moment vollständig verloren hat und nicht im Entferntesten mit dem gesellschaftlichen Konzept von „Trauer" in Verbindung gebracht werden kann. Im Endeffekt beginnt Nüchternheit zu regieren und ein Realitätssinn zu entstehen.

Die Erlangung des gerade umschriebenen geistigen Zustandes impliziert nicht, dass solch ein Mensch jegliche Freude am Eingehen sozialer Beziehungen verliert. Vielmehr bedeutet es, dass sich jener Mensch bewusst dazu entscheiden kann, ob er eine soziale Beziehung eingehen möchte oder nicht, weil er in keinster Weise zwangsläufig davon abhängig ist, eine soziale Beziehung eingehen zu müssen, nur weil in seiner Umgebung die Logik vorherrscht, allein Zweisamkeit erbringe Befriedigung bis hin zum „Glück". Denn solch eine Zwangsläufigkeit ergibt sich nur, wenn das Individuum notwendigerweise etwas in seinem Leben braucht (um zufrieden und glücklich zu sein), was es ausschließlich durch das Eingehen einer sozialen Beziehung erhalten zu können glaubt.

In diesem Unterkapitel haben wir erstens dargelegt, dass die Logik nicht in der Natur liegt, sondern ein menschliches Konstrukt ist, dessen Wurzel in der Beschaffenheit der linear-kognitiven Komponente des menschlichen Geistes liegt. Daher gilt: Gäbe es keine Menschen, wäre „Logik" nicht existent.

Zweitens sind wir auf den Unterschied zwischen Verstandes- und Vernunftdenken eingegangen und haben im Zuge dessen angedeutet, dass wichtige alltägliche Begriffe wie „Freundschaft", „Ehe" oder „Trauer" gesellschaftliche und somit menschliche Konstrukte sind. In diesem Zusammenhang haben wir den Leser darauf hingewiesen, dass für ihn manche der bestehenden (und ihm derzeit verfügbaren) gesellschaftlichen Konzepte nicht unbedingt zuträglich sein müssen, und ein kritisches Hinterfragen jener unter Umständen günstiger wäre.[11]

Drittens haben wir anhand des Beispiels „Trauer" das derzeit in der abendländischen Welt dominierende Konzept von Trauer beleuchtet und einen alternativen Zugang aufgezeigt. Im Rahmen dessen wurde zudem herausgearbeitet, dass die gesellschaftlich orientierte Anwendung von Logik sehr unterschiedlicher Natur sein kann.

---

[11] Dies setzt jedoch voraus, dass der Leser kein reiner Verstandesdenker ist, da dieser die gesellschaftlich bestehenden Regeln und Konzepte a) lediglich anwenden kann, b) auf jene notwendigerweise als Orientierung angewiesen ist und c) zu einer sozialethisch sauberen Relativierung nicht ohne weiteres imstande ist.

## 2.3 Grundlegung der Naturwissenschaft

Informiert man sich in einer viel frequentierten und daher einflussreichen Enzyklopädie wie z.B. Wikipedia über das Wesen der Naturwissenschaft, dann stößt man auf Aussagen, wie sie im Folgenden dargelegt sind:

> *„Als Naturwissenschaften werden jene Wissenschaften bezeichnet, die sich mit der Erforschung der unbelebten und der belebten Natur befassen, indem sie diese [u.U. durch die Zuhilfenahme technischer Geräte] beobachten [...], um ihr Verhalten schließlich in der Form allgemeiner Naturgesetze beschreiben und vorhersagen zu können. [...] Um objektive Erkenntnisse über das Verhalten der Natur zu gewinnen, werden entweder Versuche durchgeführt oder schon stattfindende Prozesse in der Natur intensiv beobachtet und dokumentiert"* (Wikipedia, Naturwissenschaft, 2012).

> *„Einer Aussage kommt Objektivität zu, wenn es in der Wirklichkeit Sachverhalte gibt, die unabhängig sind von der Aussage und denjenigen, die sie aufstellen, und die so beschaffen sind, wie es in der Aussage behauptet wird"* (Wikipedia, Objektivität, 2012).

Aus diesem Zitat geht sehr schön hervor, wie die Naturwissenschaft im Allgemeinen vorgeht und verstanden wird: Der Mensch beobachtet bzw. konstatiert einen Vorgang oder Zusammenhang. Dies kann beispielsweise im Rahmen eines experimentellen Aufbaus und durch die Zuhilfenahme technischer Geräte geschehen. Diesen Vorgang versucht er dann mit Hilfe der Mathematik möglichst genau zu beschreiben.

Weil er jenen Vorgang beobachtet bzw. konstatiert hat, geht er automatisch davon aus, dass der Vorgang in der Natur genau in dieser Form anzutreffen sein müsse und somit objektive

Gültigkeit besitzt. Aber ist es gerechtfertigt anzunehmen, dass nur weil wir einen bestimmten Vorgang beobachten bzw. konstatieren, dieser auch in der Natur genau in dieser Form vorliegt und somit objektive Gültigkeit hat? Diese Frage muss mit einem ganz klaren „Nein" beantwortet werden. Die Begründung dazu ist erkenntnistheoretischer Art: [12]

Alle Informationen über die Welt erhalten wir Menschen über unsere Sinne (d.h. visuell, auditorisch, gustatorisch, olfaktorisch und taktil). Jedoch ist das, was uns durch unsere Sinne unmittelbar gegeben wird, in keinster Weise mit einer Bedeutung versehen oder auf irgendeine Weise geordnet. Erst dadurch, dass die uns gegebenen Sinneseindrücke von unserem Gehirn verarbeitet werden, nehmen wir solche Dinge wie Objekte, Abläufe, Melodien, Gerüche, Geschmäcker etc. wahr. Ein Wahrnehmungseindruck kommt also erst durch eine Verarbeitung von Sinneseindrücken zu Stande.

Wenn man beispielsweise aus dem Fenster schaut und ein Auto wahrnimmt, dann ist die Wahrnehmung dieses Fahrzeugs das Resultat einer geistigen Verarbeitung von Sinneseindrücken. In den unverarbeiteten Sinneseindrücken gibt es kein Auto.[13] Die Wahrnehmung eines Vorganges oder eines Zusammenhanges ist ebenso das Resultat einer geistigen Ver- und

---

[12] Die Erkenntnistheorie bzw. Epistemologie ist ein Gebiet der Philosophie, welches sich mit der Fragestellung befasst, wie Erkenntnisse und Wissen zustande kommen.

[13] Das wird beispielsweise anhand von Personen ersichtlich, die an einer sogenannten apperzeptiven Agnosie leiden. Bei diesen Personen sind die Augen vollständig intakt. Das Gehirn jener Personen erhält also alle notwendigen Sinneinformationen. Trotzdem sind jene Personen aufgrund von Schädigungen bestimmter Hirnregionen unfähig, Gegenstände wahrzunehmen. Für diese Menschen gibt es also keine Gegenstände, obwohl ihre Sinne vollkommen funktionstüchtig sind (für weitere Details siehe: Eysenck & Keane, 2010, S. 96 ff.).

Bearbeitung. Denn in den „rohen" Sinneseindrücken gibt es weder Vorgänge noch Zusammenhänge.

Wenn jedoch die Wahrnehmung bzw. „Beobachtung" von Zusammenhängen oder Abläufen das Resultat eines geistigen Prozesses ist, dann ist jeder beobachtete oder wahrgenommene Zusammenhang ein zutiefst subjektiver.[14] Da die Vorstellungen von Naturgesetzmäßigkeiten durch die Wahrnehmung oder Behauptung von Zusammenhängen durch den Menschen zustande kommen, haben alle Naturgesetze einen subjektiven und eben keinen objektiven Charakter. Würde es keine Menschen (mit dem nach ihrer Façon beschränkten Wahrnehmungsapparat) geben, die bestimmte Zusammenhänge wahrnähmen und feststellten, gäbe es auch keine (von ihnen und für sie formulierten) Naturgesetze.

Die Art und Weise, wie unser Gehirn Sinneseindrücke verarbeitet, bestimmt also, welche Zusammenhänge bzw. Vorgänge wir für wahr nehmen können und welche Naturgesetzlichkeiten wir konstruieren. Wäre unser Gehirn in seiner Art der Informationsverarbeitung anderes beschaffen, würden wir vielleicht andere Zusammenhänge wahrnehmen und möglicherweise sehr andersartige Naturgesetze postulieren. Damit hat jedes Naturgesetz den Stellenwert einer Meinung.

Leider ist der gerade dargelegte Sachverhalt vielen unserer Naturwissenschaftler nicht geläufig, was auch erklärt, warum weithin angenommen wird, man würde die Welt „wie sie wirklich ist" erforschen und nicht die Welt „wie sie sich dem Menschen darbietet". In der Philosophie wird die Welt „wie sie wirklich ist" als *Sein* bezeichnet, wohingegen die Welt „wie sie

---

[14] Über mögliche Formen der Zusammenhangkonstruktion hat sich bereits Kant schon sehr umfassend und erfolgreich Gedanken gemacht (Kant, 1787).

sich dem Menschen darbietet" *Dasein* genannt wird. Das Einzige, was der Mensch jemals vom Sein erfahren kann, ist, wie er das Sein wahrnimmt und was er sich selbst erkenntnistheoretisch an Ableitungen aus der Wahrnehmung konstruiert. Und diese Art und Weise, wie der Mensch das Sein wahrnimmt und was er sich selbst erkenntnistheoretisch an Ableitungen aus der Wahrnehmung konstruiert, wird mit dem Begriff Dasein (oder eben mit „Natur") bezeichnet. *Ergo* beziehen sich alle naturwissenschaftlichen Erkenntnisse auf die Welt, „wie sie sich dem Menschen darbietet" (i.e. das Dasein), da diese, wie im letzten Abschnitt dargelegt, ihre Wurzeln in der menschlichen Weltwahrnehmung haben.

Darüber hinaus sind Naturgesetze nicht nur als subjektiv zu klassifizieren und in ihrer Gültigkeit auf das Dasein beschränkt; sie sind auch mit dem Prädikat „vorläufig" zu versehen. Dieser Zusammenhang ist recht leicht einzusehen: In der Wissenschaftsgeschichte wurden postulierte und für „wahr" gehaltene Naturgesetze vielfach aufgrund neuerer Beobachtungen (u. A. bedingt durch neu entwickelte technische Hilfsmittel) und scharfsinniger Überlegungen modifiziert oder gar vollständig ersetzt. Eines der bekanntesten Beispiele hierfür ist wohl die Substitution der Newtonschen Mechanik durch die Relativitätstheorie und Quantenmechanik.

Zum Abschluss dieses Kapitels zur Naturwissenschaft möchten wir noch anmerken, dass nicht nur die Naturwissenschaften versuchen, allgemeine Gesetzmäßigkeiten zu formulieren. Auch für die Wirtschaft – ein von Menschen geschaffener Begriffsraum, der sich dadurch kennzeichnet, dass Menschen in ihm zu ihrem Vorteil miteinander handeln – versuchen Disziplinen wie Betriebswirtschaftslehre und Volkswirtschaftslehre allgemeine Gesetzmäßigkeiten aus dem beobachtbaren Handeln der „Marktteilnehmer" abzuleiten.

Aller Mühen zum Trotz scheitern diese Disziplinen regelmäßig an diesem Vorhaben. Nach Lektüre der vorhergehenden Zeilen sollte deutlich geworden sein, warum dies so sein muss: Alle Prozesse, die von Wissenschaftlern in der Marktwirtschaft behauptet werden, haben einen Vorläufigkeitscharakter und basieren auf den sich mehr oder minder schnell ändernden Einsichten und Wünschen der Marktteilnehmer. Dabei verändert jede verlautbarte Mutmaßung hinsichtlich der „gefundenen" Gesetzmäßigkeiten im Moment ihrer Verlautbarung wiederum die Maximen der Marktteilnehmer.

Was zudem immer unterschätzt oder eben wenig verstanden wird, ist, dass vor jedem Geschäftsprozess, der einigermaßen umrissen wurde, ein Impuls zu seiner Initialisierung steht und dass dieser Impuls einer subjektiven und persönlichen Wunschvorstellung entspringt. Das heißt, egal wie elaboriert Handlungsanweisungen und „Erkenntnisse" zum Marktgeschehen daherkommen mögen, sie bleiben in ihrer Halbwertzeit davon abhängig, dass die Marktteilnehmer ihr Verhalten auf sie abstellen und sie dadurch honorieren.

Diesem für jede Strategiearbeit bedeutsamen Komplex wird in einer Wissensaktivierung für Unternehmer und Manager erheblicher Raum gegeben und lässt ihnen deutlich neue Ansätze für ihr Wirken vor Augen kommen. Der Mensch und sein Handlungsraum „Wirtschaft" mögen chaotisch anmuten, doch gibt es bestimmte Faktoren, über die er beeinflusst werden kann. Zuerst jedoch bedarf es einer gewissen Ernüchterung bzgl. der Wertigkeit von Glaubensformulierungen zum Verhalten von Marktteilnehmern, bevor man an die erfolgreiche Manipulation von Märkten gehen kann.

## 2.4 Abschließendes Resümee zu Kapitel 2

In diesem Kapitel haben wir aufgezeigt, dass jede Form des Wissens vom Menschen selbst geschaffen wurde und somit subjektiver Natur ist. All unser Wissen hat daher den Stellenwert von Meinungen und entfaltet nur so lange gestalterische Macht, wie genügend Menschen daran glauben.

Aus diesem Grunde kann ein Wissenszuwachs nie etwas anderes als ein subjektiver Erkenntniszuwachs sein. Somit gibt es kein allgemeingültiges, objektives und vom Betrachter unabhängiges Wissen, wie es von manchen philosophischen Subdisziplinen entweder unhinterfragt vorausgesetzt oder nach welchem mit teils sehr komplexen Denkmodellen erfolglos gesucht wird.

Da von einigen zum Teil hochkarätigen Denkern sehr viel Energie aufgewandt wird bzw. wurde, um allgemeingültiges, sicheres Wissen zu identifizieren oder zu beweisen, stellt sich natürlich die Frage, warum über allgemeingültiges und für sicher geglaubtes Wissen verfügen zu können für viele Menschen so verlockend ist. Der Grund dafür liegt darin, dass allgemeingültiges, objektives Wissen dem einzelnen Menschen Sicherheit in einer sich immer schneller verändernden Welt spendet. Etwas, was als „sicher" und „allgemeingültig" akzeptiert gilt, trägt zur Orientierung bei und kann zu dem ohne viel denkerischen Aufwand (d.h. ohne Bemühung der eigenen Vernunft) übernommen werden: Wenn sich der Mensch sicher fühlt, dann empfindet er Wohlbehagen. Fühlt er sich hingegen nicht sicher und sieht darüber hinaus für sich selbst keine Möglichkeit, jener Unsicherheit zu entgehen, dann empfindet er Angst.

Das menschliche Streben nach allgemeingültigem Wissen und Regeln, kann man also als Versuch ansehen, empfundener Unsicherheit zu entgehen und damit Angstzustände tunlichst zu vermeiden bzw. zu beseitigen. Als bestes Beispiel hierfür können die gängigen abendländischen Religionen angesehen werden, welche allesamt ihren Anhängern gesetzesartige und somit allgemeingültige Verhaltensregeln vorschreiben und ihnen die zuvor von ihnen selbst installierte Angst vor dem Tod auf eine sehr naive Weise, durch im Glauben verankertes Wissen an eine Nachwelt, zu nehmen versprechen.[15]

Abgesehen davon strebt der Mensch, wie auch andere biologische Mechanismen, grundsätzlich nach größtmöglicher Energieeffizienz in Bezug auf all seine Aktivitäten. Da reflektierendes Bedenken von Zusammenhängen und Optionen in jedem Falle energielastiger ist als simples Abarbeiten gewohnter Denkroutinen, versucht der Mensch eher anerkannte *best practice*[16] zur Lösung ihm gestellter Aufgaben in alltäglichen Situationen abzurufen. Auch wenn reflektierendes Bedenken von Zusammenhängen Energie zehrender ist als das Abrufen von *best pratice*, ist reflektierendes Bedenken in manchen Fällen für eine bestimmte Gruppe von Individuen um ein Vielfaches mehr an Nutzen bringend. Diese Individuen zeichnen sich dadurch aus, dass sie grundsätzlich in der Lage sind, den derzeit bestehenden gesellschaftlichen Regelraum denkerisch zu verlassen und auf diese Weise neue Erkenntnisse über sich selbst und gesellschaftliche Zusammenhänge zu gewinnen. Diese Personen haben wir bereits in Kapitel 2.2 als *Vernunftdenker* klassifiziert und von den *Verstandesdenkern* eindeutig unterschieden.

Den Akt des Vernunftdenkens kann man durch die folgende Analogie sehr gut verdeutlichen: Angenommen man schaut

---

[15] Auf diesen Punkt werden wir in Kapitel 3.1 etwas detaillierter eingehen.
[16] Unter „*best practice*" verstehen wir hier Verhaltensmuster und Handlungsanweisungen, die im Allgemeinen in der Gesellschaft als Erfolg versprechend oder sinnvoll gelten.

in den Himmel und erkennt ein Sternbild. Das Erkennen dieses Sternbildes kommt in unserem Fall dem Feststellen eines gesellschaftlichen Zusammenhangs gleich. Der Akt des Vernunftdenkens besteht nun darin, sich zu erschließen, dass jenes Sternbild nur aus der Perspektive eines Erdbewohners auf diese Weise zu erkennen ist. Betrachtet man jene Anordnung von einer eher seitlichen Perspektive, erkennt man zum Einen, dass die jeweiligen Himmelskörper gar nicht in einer Ebene liegen und sich jeweils in ihrer Entfernung zu der Erde um hunderte bis millionen Lichtjahre unterscheiden. Zum Anderen erkennt man, dass sich die verschiedenen Himmelskörper auch in ihrer Beschaffenheit teilweise erheblich unterscheiden: So sind manche Bestandteile eines Sternbildes als Galaxien zu klassifizieren, wohingegen andere Himmelskörper Sterne oder Quasare sein können. Somit erhält man durch diese Betrachtungsweise neue Erkenntnisse über die Natur und die Beschaffenheit des von der Erde aus betrachteten Sternbildes.

Analog gesprochen, erhält man dergestalt eine ganz neue Sicht sowie vollkommen neue Erkenntnisse auf bzw. über einen gesellschaftlichen Zusammenhang. Um diese Erkenntnis zu gewinnen, muss man jedoch die übliche Perspektive (d.h. in Bezug auf das obige Beispiel die Betrachtung von der Erde aus und dazu analog die gesellschaftliche Perspektive) aufgeben können. Zur Aufgabe dieser Perspektive ist der Verstandesdenker normalerweise nicht fähig. Dies ist erst ab dem Level des Vernunftdenkens möglich.[17]

---

[17] Auch ein „Querdenker", gibt nicht wirklich die gesellschaftliche Perspektive auf, denn er bleibt immer noch in der gesellschaftlichen Denkebene. Mag er auch andere „Sterne" wählen, um eigene Konstellationen zu definieren und diesen eigene Namen geben, so verharrt er immer noch in der gleichen Form von Draufsicht wie die anderen Gesellschaftsmitglieder.

Dass ein Vernunftdenker grundsätzlich geistig in der Lage ist, gegebene Regelräume zu verlassen, impliziert jedoch nicht, dass er auch weiß, wie er vorhandene Regelräume verlassen kann. Das heißt, der Vernunftdenker hat lediglich die Voraussetzungen, um einen beliebigen Regelraum relativierend zu bedenken. Solange er seine Fähigkeiten jedoch nicht einzusetzen lernt, bleibt er geistig auf dem Level des Verstandesdenkens.

Eine individuelle Wissensaktivierung zielt unter anderem darauf ab, einem *Vernunftdenker* zu vermitteln, wie er Regelräume verlassen kann. In diesem Sinne erhebt eine Wissensaktivierung das aufgenötigte Verstandesdenken zum Vernunftdenken; i.e. sie *aktiviert* umfassend das Vernunftdenken bei den Menschen, die zu diesem aufgrund ihrer Anlagen befähigt sind.

Der Vorgang der Beförderung des Verstandesdenkens zum ausgereiften Vernunftdenken ist hochgradig individuell und lässt sich nur schwer pauschalisieren. Ein wichtiger Bestandteil ist jedoch, den Klienten umfassend dazu zu befähigen, bewusst und willentlich jederzeit eine notwendige geistige Unschärfe herbeiführen zu können. Diese Befähigung wird von uns „Loslassen" genannt.

Das „Loslassen" ist eines der am schwierigsten begrifflich zu fassenden und zu beschreibenden Kernkonzepte der Wissensaktivierung, das im Sinne einer Methodik am ehesten einer nicht religiösen Form christlicher Kontemplation ähnelt und sich in seinem Verlauf durch einen direktiven sokratischen Dialog einzustellen beginnt. Ähnliche aber nicht so zielgerichtete Ergebnisse mit Nutzencharakter für den Alltag bringt noch die Zenmeditation.

Im Folgenden versuchen wir dem Leser eine erste Ahnung von „Loslassen" zu vermitteln: Sogenannte „dreidimensionale

Bilder" oder „Magic 3D Bilder", wie sie im Internet und machen Bilderbüchern vorzufinden sind, enthalten neben den offensichtlich zu erkennenden zweidimensionalen Bildmustern noch Informationsmuster, die das dreidimensionale Sehen anregen. Die sich aus diesen Mustern ergebenden dreidimensionalen Objekte müssen thematisch mit dem zweidimensionalen Grundbild nichts mehr gemein haben. Solche dreidimensionalen Objekte können allerdings nur durch eine gewollt unfokussierte Betrachtung des vorliegenden Bildmaterials erkannt werden. Diese gewollt unfokussierte Betrachtungsweise kann man auch als ein diszipliniertes und bewusstes Loslassen des visuellen Fokus bezeichnen. Das Loslassen des visuellen Fokus führt dann zu einer ganz anderen Wahrnehmung des vorliegenden Bildmaterials.

Analog dazu ermöglicht erst die Befähigung gesellschaftliche Strukturen und Zusammenhänge loszulassen eine Erkenntnis ihrer wirklich wirksamen Mechanismen und Bedingtheiten, die sich sonst nicht erschließen lassen. Die sich durch eine Wissensaktivierung einstellende Befähigung zum Herstellen geistiger Unschärfe befreit das Individuum somit von der herkömmlichen, zweidimensionalen Sicht auf gesellschaftliche Zusammenhänge und ermöglicht es ihm, diese in ihrer „Tiefe" wahrzunehmen.

Die durch „Loslassen" neu gewonnenen Eindrücke werden anschließend in unserem Gehirn zu den bereits vorhandenen Erkenntnissen in Beziehung gesetzt und erneut in ihrer Werthaltigkeit abgewogen. Wenn zwei Dinge zueinander in Beziehung gesetzt werden, dann werden sie auf eine bestimmte Weise (zueinander) angeordnet oder assoziiert. Eine bestimmte Anordnung von Dingen bezeichnet man auch als Formation. Wenn also zwei Dinge zueinander in Beziehung gesetzt werden, dann werden sie in eine bestimmte Formation zu einander gebracht.

Durch die Tiefenwahrnehmung gesellschaftlicher Zusammenhänge und anschließendes „In-Beziehung-Setzen" jener mit bereits vorhandenen Erkenntnissen entsteht demnach eine neue Information.

Einfach ausgedrückt: Informationen entstehen dadurch, dass gewonnene Eindrücke (i.e. im weitesten Sinne Daten) mit bereits vorhandenem Erfahrungswissen abgeglichen werden. Die auf diese Weise geschaffenen (In)Formationen können anderen Menschen kommuniziert werden. War die Kommunikation erfolgreich, dann war sie für den Empfänger informativ; das heißt, er konnte durch die Kommunikation in eine wünschenswerte Formation zum dargereichten Wissen treten. Oder anderes ausgedrückt: Der Empfänger hat sich durch die Kommunikation „in Formation" gebracht oder bringen lassen.

Fehlt jedoch für die Kommunikation von Daten ein gemeinsamer Bezugsrahmen (z.B. eine gemeinsame Sprache, deren Worte als Bedeutungsträger der Daten fungieren), wird das In-Formation-Bringen anderer schwierig. Mit „gemeinsamer Sprache" sind in diesem Falle nicht nur unterschiedliche Landessprachen gemeint. Ein deutschsprachiger Physiker spricht im Vergleich zu einem deutschsprachigen Biologen, Philosophen oder Psychologen eine andere „Wissenschaftssprache". In der Tat, führt das Unwissen um verschiedenartige Wissenschaftssprachen im interdisziplinären Wissenschaftsbetrieb oftmals zu Missverständnissen und Kommunikationsproblemen.

## 3. Wahrheiten und Regelräume

Die Befähigung des Menschen, sich seine eigene Realität zu kreieren, wird insbesondere durch die Schaffung mythogener Konstrukte[18] wie „Gottheiten" evident: Da sich der frühe Mensch furchteinflößende Naturphänomene wie „Donner" und „Blitz" nicht erklären konnte, schuf er Gottheiten, welche für die besagten Naturphänomene verantwortlich waren. Diese Götterkonzepte enthielten die Möglichkeit, die jeweiligen Gottheiten in einem gewissen Maße zu beeinflussen (z.B. durch Opfergaben). Auf diese Weise versuchte der Mensch, die ihm unbekannten Naturkatastrophen zu kontrollieren und sich dadurch die Angst vor ihnen zu nehmen. Denn Grundsätzlich gilt, dass der Mensch Angst vor Dingen hat, die er nicht kontrollieren oder verstehen kann und denen er sich damit hilflos ausgesetzt fühlt. Die Schaffung von Naturgottheiten kann demnach als ein von frühen Menschen realisiertes Konzept zur Stress- und Angstbewältigung angesehen werden.

Für die Menschen, die an jene Naturgottheiten glaubten, war die Existenz dieser Gottheiten eine Wahrheit. Das heißt, sie wussten, dass die von ihnen verehrten Gottheiten existieren. An etwas zu glauben und etwas zu wissen ist also prinzipiell dasselbe; denn sowohl Glaubens- als auch Wissensinhalte sind Sachverhalte, denen durch das Individuum eine Existenz zugeschrieben wird. Das heißt, indem das Individuum von einem bestimmten Sachverhalt weiß oder an einen bestimmten Sachverhalt glaubt, beginnt dieser Sachverhalt überhaupt erst zu existieren (das beste Beispiel hierfür sind die bereits genannten Naturgottheiten).

---

[18] Für eine ausführliche Abhandlung zum Thema „mythogene Ideen" siehe Deppert, 1996.

Auch wenn Glaubens- und Wissensinhalte prinzipiell dasselbe sind, unterscheiden sie sich dahingehend voneinander, dass Wissensinhalte im Allgemeinen für objektiv und allgemeingültig gedacht werden, wohingegen Glaubensinhalten die Eigenschaft der Objektivität und Allgemeingültigkeit nicht notwendigerweise zugeschrieben werden muss. Doch wie wir in Kapitel 2 bereits gesehen haben, ist Wissen immer etwas Subjektives und so weder objektiv noch allgemeingültig. Das Kriterium, wodurch Glaubens- und Wissensinhalte grundsätzlich voneinander unterschieden werden, ist demnach substanzlos. Sobald also eingesehen wird, dass „Wissen" nie etwas anderes sein kann als eine subjektive (und u.U. akkreditierte) Meinung, wird ersichtlich, dass „Glaubensinhalte" nichts anderes als „Wissensinhalte" sind. Manch Einer könnte u.U. einwenden, dass sich Wissensinhalte von Glaubensinhalten dahingehend unterscheiden, dass sich Erstere dadurch auszeichnen, dass sie von vielen Menschen als gültig anerkannt werden, wohingegen dies bei Glaubensinhalten ja nicht der Fall sei. Jedoch werden beispielsweise auch die Glaubensinhalte der katholischen Kirche von sehr vielen Menschen als gültig anerkannt.

Wenn, wie wir gerade gesehen haben, sowohl Glaubens- als auch Wissensinhalte den Stellenwert einer subjektiven Meinung haben, kann der Wahrheitsbegriff auch nur subjektiver Natur sein: Jeder Sachverhalt wird für einen Menschen zu einer Wahrheit, indem er von diesem Menschen für wahr gehalten, geglaubt oder definiert wird. Eine Wahrheit ist somit nichts anderes als eine Überzeugung.

Wie wir weiter oben bereits erwähnt haben, ist ein Mensch, der an Naturgottheiten glaubt, davon überzeugt, dass diese existieren. Die Existenz von Naturgöttern, ist also für diesen Menschen eine Wahrheit. Gleiches gilt für das Kind aus Kapitel 2, welches davon überzeugt ist, dass sich eine gefährliche Kreatur im Kleiderschrank befindet: Für das Kind ist die Existenz jenes bedrohlichen Wesens wahr, wohingegen die Existenz einer Kreatur im Schrank aus Sicht der Eltern falsch ist. Ob ein Sachverhalt wahr oder falsch ist, hängt somit davon ab, ob der Träger jenes Sachverhaltes, i.e. das Subjekt, diesem den Wahrheitswert „falsch" oder „wahr" zuschreibt.

Damit soll jedoch nicht gesagt sein, dass es an und für sich keine „allgemeingültigeren" wahren Aussagen gibt: In einem einfachen Logiksystem, wie wir es in Kapitel 2.2 beschrieben haben, ist jede Aussage entweder eindeutig wahr oder falsch. Dies ist darauf zurückzuführen, dass jedes Logiksystem aus fest definierten Regeln besteht, die eindeutig festlegen, wann eine Aussage als „wahr" bzw. „falsch" gilt. Solange man sich also innerhalb eines bestimmten Logiksystems bewegt und die Regeln dieses Systems anerkennt, gibt es wahre bzw. falsche Aussagen, die für alle Menschen genau in dieser Form gelten, wenn sie das System auf die gleiche Weise benutzen. Diese Wahrheitsaussagen besitzen allerdings nur innerhalb des gegebenen Logiksystems Gültigkeit. Selbstverständlich kann der Wahrheitswert einer Aussage variieren, wenn man diese in unterschiedlichen Logiksystemen formuliert. Da solche Wahrheitsaussagen jedoch nur innerhalb eines bestimmten „Regelraums" gelten, sind sie nicht allgemeingültig wahr bzw. falsch. Sie sind lediglich innerhalb des gegebenen Regelraums „allgemeingültig" wahr. Wie wir in Kapitel 2.2 gesehen haben, ist die Logik selbst, ein von Menschen geschaffener, künstlicher Regelraum (d.h. ein menschliches Konstrukt). Somit sind die Wahrheitsaussagen, die in einem Logiksystem getätigt werden und die innerhalb dessen allgemeingültig sind, subjektiver Natur, da sie in einer von Menschen formulierten und damit konstruierten Struktur getätigt werden.

Es lässt sich daher festhalten, dass es trotz solcher Systeme wie „Logik" keine allgemeingültigen, regelraumunabhängigen Wahrheitsaussagen gibt, und dass jede Wahrheitsaussage, auch innerhalb eines gegebenen Regelraums, subjektiver Natur ist und somit den Stellenwert einer Meinung hat, da alle uns verfügbaren Regelräume von uns selbst geschaffen bzw. konstruiert wurden. Als konstruierte Regelräume, in denen bestimmte Wahrheitsaussagen gelten, sind nicht nur solche abstrakten Systeme wie „Logik" oder „Mathematik" anzusehen. Auch Religionssysteme, Rechtsordnungen, Vereinskulturen, Jugendgruppierungen und Ethiken sind als konstruierte Regelräume anzusehen, innerhalb derer bestimmte Wahrheitsaussagen gelten, solange man sich innerhalb ihrer Grenzen bewegt.

## 3.1 Abendländische Religionssysteme

Einige der wohl historisch in der abendländischen Welt einflussreichsten Regelräume, die von Menschen jemals konstruiert wurden, sind die abendländischen Religionssysteme, wie z.B. das Christentum. Die Konstrukteure des Christentums erkannten, dass der Mensch, wie jedes andere Tier auch, über einen stark ausgeprägten Selbsterhaltungstrieb verfügt. Dieser Trieb wurde, wie im Folgenden dargelegt, erschöpfend instrumentalisiert (i.e. sich zu Nutze gemacht):

Erstens wurde die Vorstellung von einer stark konkretisierten Seele formuliert, welche nach dem physischen Ableben des Körpers weiterhin existiert und das verkörpert, was in der heutigen Zeit unter dem Begriff „personale Identität" oder „Ich" verstanden wird. Frühe und weniger konkretisierte menschliche Konstrukte dieser Art, welche über den Umweg der Deutung von Traum- und Trancezuständen zustande kamen, findet man in allen Beschreibungen von Naturvölkern und einfachen Kulturen wieder (z.B. Schamanismus, Traumwelt der Aborigines, Walhalla, griechischer Hades etc). Die von den Schöpfern abendländischer Religionssysteme komplexer ausgestaltete und so konkretisierte Seelenidee wurde von vielen Menschen bereitwillig angenommen, da sie ihnen die „kreatürliche" Angst vor dem Tod nimmt, welche schlicht durch ihren Überlebenstrieb und die Erkenntnis bzw. die Bewusstheit der eigenen „körperlichen" Vergänglichkeit gespeist wird.

Dass die Idee einer Seele bzw. eines „Ichs" jedoch lediglich ein Konstrukt unseres Hirns ist und daher mit dem physischen Tod vergeht, wird alleine schon daran ersichtlich, dass wir in den Schlafphasen, in denen wir nicht träumen, in keinster Weise eine personale Identität verorten können. In anderen Worten: Wenn wir schlafen, gibt es kein „Ich", weil in unserem

Gehirn während des Schlafs andere Mechanismen aktiv sind, die die Aufrechterhaltung eines alltagstauglichen und fest umrissenen Ich-Konstrukts nicht unterstützen.

Ebenso kann sich fast niemand an die Erlebnisse seiner frühen Kindheit erinnern, geschweige denn daran, was man selbst als Person in der frühen Kindheit erlebt hat. Das ist vor allem darauf zurückzuführen, dass das menschliche Gehirn zum Zeitpunkt der Geburt noch nicht vollständig ausgebildet ist und solche Konzepte wie „Ich" erst erworben bzw. durch das Kind konstruiert werden müssen. Nach Meinung der derzeitigen Forschung, entwickelt sich diese Ich-Idee im Kind zwischen dem zweiten und dritten Lebensjahr (Eysenck & Keane, 2010, S. 296-299). Der Befund, dass Menschen erst ab dem dritten Lebensjahr eine Ich-Idee ausbilden, spricht also ebenfalls dafür, dass das „Ich" ein Konstrukt des menschlichen Gehirns und ohne bestimmte Hirnfunktionen nicht existent ist.

Zweitens, wurde die Idee eines „Supergottes" geschaffen, welcher:

- Dem Menschen bestimmte Verhaltensregeln und Gesetze vorschreibt, an die er sich zu halten hat.
- Durch seine „göttlichen Superkräfte" das einzelne Individuum auf Schritt und Tritt beobachtet und dadurch von jedem „Gesetzesverstoß" Kenntnis nimmt – was effektiv Polizeikräfte einzusparen erlaubt.
- Auf Grundlage des individuellen Verhaltens zu Lebzeiten darüber entscheidet, ob die einzelne Seele, nach Ableben des Körpers, ein Leben in einer anderen Sphäre, ein „*Afterlife*", erhält und von all ihren Sorgen und Lasten, die zu Lebzeiten bestanden, erlöst wird, oder für immer erbittert in einer (ebenfalls von den Religionsschöpfern konstruierten) Bestrafungsanstalt Namens „Hölle" leiden muss.

Die Konstruktion der weiter oben benannten Seelenidee, verbunden mit der Erschaffung der gerade beschriebenen Gottheit (samt ihrer gesetzgebenden, überwachenden und richtenden Eigenschaften), begründet ein effektives Konstrukt bzw. System zur Massenlenkung und Überwachung, welches mit sehr wenigen menschlichen Überwachungskräften auskommt. Dabei wird der Gläubige durch die Instanziierung eines Supergottes mittels eines ausgeklügelten Überwachungs- und Bestrafungsmechanismus nicht nur davon abgehalten, die von dieser Göttlichkeit vorgegebenen Gesetzte und Regeln zu hinterfragen; zusätzlich wird der Gläubige (u.a. auch durch göttliche Gesetze und Regeln) dazu angehalten, die Lösung bestehender persönlicher Missstände in Gottes Hand zu legen und auf eine Besserung, die spätestens nach dem Tode zu erwarten ist, zu hoffen (gehörig höriges Verhalten gegenüber der göttlichen Instanz vorausgesetzt). Auf diese Weise wurde bzw. wird das religiöse Individuum von jeglicher Form des kritischen Denkens und vom Gebrauch der eigenen Vernunft ab- und darüber hinaus von der Erkenntnis ferngehalten, seine persönlichen Probleme durch reflektierendes, eigenständiges Denken effizient lösen zu können.

Für den hörigen Glaubensanhänger besteht also keine andere Möglichkeit als seine derzeitigen Missstände zu erdulden. Dies meistert er mit Bravour, da er weiß, dass nach seinem Tod all seine Wünsche erfüllt werden. Die Organisatoren des Glaubens erfreuen sich hingegen daran, dass sie arbeitswillige und nach ihren Vorstellungen funktionierende Untertanen haben, die niemals auf die Idee kommen würden, die Glaubensgemeinschaft zu verlassen oder andere Lebensbedingungen einzufordern. Denn ein Verlassen dieser Gemeinschaft hätte einen Aufenthalt in der göttlichen Bestrafungsanstalt „Hölle" nach dem Tode zur Folge. Das selbständige Einfordern anderer Lebensumstände gegenüber den Glaubensführern steht hingegen auch außer Frage, da sich derartige Anfragen sinnvollerweise nur an denjenigen richten können, der auch befähigt ist, die Lebensumstände zu ändern (i.e. „Supergott"). Jedoch dürfen entsprechende Gesuche um Abhilfe bei Missständen ausschließlich in Form einer höflichen Bitte an die göttliche Instanz gerichtet werden und in keinem Falle in Form einer ausdrücklichen Forderung. Da dem Gläubigen vermittelt wird, er könne die göttlichen Entscheidungen niemals in vollen Zügen verstehen, kann dieser akzeptieren, wenn die göttliche Instanz den an sie gerichteten Bitten nicht nachkommt. Das heißt, der Glaubensanhänger mutmaßt, dass „Supergott" schon seine Gründe dafür haben wird, wenn er einer an ihn gerichteten Bitte nicht nachkommt, auch wenn diese Gründe dem Bittenden selbst verschlossen bleiben (Das Scheinproblem der Theodizee). Dadurch wird der Gläubige davon abgehalten, die Entscheidungsmechanismen der göttlichen Instanz in Frage zu Stellen.

Ein damit verwandter und beliebter Kunstgriff, um einen Gläubigen bei Nichterfüllung seiner Bitten durch die göttliche Instanz davon abzuhalten, ihr Tun und Sein kritisch zu betrachten, besteht darin, dem Bittenden glaubhaft zu machen, dass jener „Supergott" ihn auf eine Probe stellen wolle. Ein alternativer Umgang mit Göttern lässt sich dagegen in chinesischen Religionsformen erkennen. In diesen besteht die Vorstellung der Existenz mehrerer Gottheiten, die durch Opfergaben belohnt bzw. durch das Vorenthalten von Opfergaben bestraft werden, wenn jene Gottheiten nicht den an Sie gerichteten Forderungen nachkommen.

Wir können also festhalten, dass abendländische Religionssysteme sehr erfolgversprechende Regelräume darstellen, um das einzelne Individuum vom reflektierenden Denken abzuhalten und an der Ausbildung eigener Vernunft zu hindern. Somit befindet sich ein Gläubiger in der Rolle eines Opfers, welches den göttlichen Regeln und der göttlichen Willkür hilflos ausgeliefert ist.

Der Grund, warum abendländische Religionssysteme so erfolgreich waren (bzw. teilweise immer noch sind), liegt vor allem darin, dass die Idee einer Seele und eines Lebens nach dem Tod den menschlichen Selbsterhaltungstrieb umfassend befriedigt. Koppelt man diesen Seelen-*Afterlife*-Komplex nun mit einer imaginären, allgegenwärtigen Gesetzgebungs-, Überwachungs- und Bestrafungsinstanz, dann hat mein ein galantes Konstrukt zur Massenlenkung geschaffen, welches mit sehr wenigen menschlichen „Kontrolleuren" auskommt. Zynisch mutet an, dass die Kontrolleure als „Schäfer" bezeichnet wurden; denn ein Schäfer will bekanntlich scheren, melken und schlachtend ernten.

Solange man sich innerhalb des hier besprochenen Regelraums bewegt, sind Aussagen wie „Es gibt einen Gott", „Gott ist barmherzig", „Gott ist allmächtig" wahr. Da jene Aussagen ausschließlich innerhalb des genannten, menschlichen Konstrukts ihre Gültigkeit haben, sind sie in keinem Falle allgemeingültig wahr und haben daher den Stellenwert einer subjektiven Meinung. Um nicht den Eindruck zu erwecken, dass wir nach dieser Darlegung grundsätzlich gegen Religionsstiftungen seien, soll darauf hingewiesen werden, dass die Religionsstifter unserer Meinung nach durchaus ein gesellschaftsorientiertes Anliegen verfolgen konnten. Sahen sie beispielsweise ein, dass Hygiene wichtig, ihr Wert jedoch schwierig zu vermitteln war, so deklarierten sie eine Hand als „esstauglich" und machten die andere zur „unreinen".

Analog: Mochte jemand erkennen, dass eine Tierrasse in seiner Zeit eine Krankheit beförderte, die auch für Menschen bedrohlich war, wurde sie entsprechend als unrein deklariert, oder in Indien als dem Menschen übergeordnet und damit sakrosankt. Noch heute wird übrigens genauso verfahren. In Studiengängen werden Beginnern teils hoch vereinfachte „falsche" Auffassungen vermittelt; und erst im späteren Verlauf werden komplexere Konstrukte an die Hand gegeben, wenn die Fortgeschrittenen ihre Tauglichkeit für die Forschung erfolgreich nachgewiesen haben. Vom „Einfachen" für Alle zum Komplexen und schwieriger Greifbaren für Wenige.

Zum Abschluss dieses Kapitels über abendländische Religionssysteme, soll ein Zitat von Erich Fromm genannt sein:

*Religiöser Glaube „ist die Eintrittskarte, mit der man sich die Zugehörigkeit zu einer großen Gruppe von Menschen erkauft, er nimmt einem die schwierige Aufgabe ab, selbst zu denken und Entscheidungen zu treffen. [...] Solcher Glaube behauptet, letztes, unerschütterliches Wissen zu verkünden [...]. Und wer wollte nicht Gewissheit, wenn es dazu nicht mehr bedarf als des Verzichts auf die eigene Unabhängigkeit?" (Fromm, 2007, S. 60).*

## 3.2 Ethiken

Wie bereits in der Einleitung von Kapitel 3 erwähnt wurde, sind neben Religionssystemen auch Ethiken von Menschen konstruierte Regelräume. Die Ethik einer Gesellschaft spendet den einzelnen Gesellschaftsmitgliedern Orientierung beim Vollzug moralischer Urteile in alltäglichen Situationen (z.B. Person X ist ein guter Mensch, da er regelmäßig betet und Bedürftigen spendet; Person Y sollte bestraft werden, da er zu keinen Opfern für andere bereit erscheint und auf den Gehweg spuckt). Das Ethiksystem einer Gesellschaft bestimmt somit maßgeblich, wie die moralischen Urteile der einzelnen Gesellschaftsmitglieder ausfallen.[19] Ein gutes Beispiel für die enorme Disparität moralischer Urteile aufgrund unterschiedlicher Ethiksysteme bietet der in Deutschland zwischen 1933 und 1945 vorherrschende Nationalsozialismus:[20] Die Nationalsozialisten etablierten ein Ethiksystem welches u.a. Menschen jüdischer Abstammung als „minderwertig" klassifizierte. Auch wenn es während der gesamten NS-Zeit eine Reihe von Systemkritikern gab, die zum Teil auf brutalste Weise von der NS-Regierung beseitigt wurden, gab es innerhalb Deutschlands eine beachtliche Menge von Menschen, die die von der NS-Regierung propagierte „Rassenethik" anerkannten und sich in Bezug auf ihre eigenen, alltäglichen moralischen Urteile an dieser orientierten (z.B.: „Man sollte nicht mit Menschen jüdischer Abstammung verkehren").

Ebenfalls hatte das von den Nazis propagierte Ethiksystem z.T. erhebliche Auswirkungen auf den experimentellen

---

[19] Darüber hinaus basieren Menschenbild und die hernach formulieren „Grundrechte" auf dem selbstverordneten Ethiksystem einer Gesellschaft.
[20] An dieser Stelle soll darauf hingewiesen sein, dass sich beide Autoren von rechtsextremistischen Weltanschauungen jeglicher Art ausdrücklich distanzieren.

Wissenschaftsbetrieb. Denn nach dem NS-Ethiksystem war es ethisch bzw. moralisch nicht verwerflich, experimentelle Studien jeglicher Art an Menschen durchzuführen, die „nicht-arischer" Abstammung waren. Einige dieser Humanexperimente hatten den unmittelbaren Tod der jeweiligen Versuchspersonen zur Folge. Das von den Nazis propagierte Ethiksystem steht in einem starken Gegensatz zu dem, was in der heutigen Zeit im Generellen als ethisch und moralisch verantwortbar angesehen wird.

Daran wird ersichtlich, dass es a) nicht „die Ethik" gibt, sondern vielmehr verschiedene Ethiksysteme und dass b) jede Ethik immer ein von Menschen geschaffenes Konstrukt ist. Ohne den Menschen gäbe es somit keine Ethik(en). Oder anders ausgedrückt: In der Natur an sich gibt es keine Ethik. Da Ethiken lediglich von Menschen geschaffene Regelräume sind, in denen sich, wie im Falle verschiedener Logiksysteme (Kap. 2.2), bestimmte Aussagen tätigen lassen, weisen die aus einer verwendeten Ethik abgeleiteten Gesetzesformulierungen im Rahmen des verwendeten Ethiksystems in der Regel eine innere Stringenz auf. Dennoch können jene Gesetzesformulierungen von außenstehenden Betrachtern erfolgreich kritisiert werden, indem diese ein anderes Ethiksystem zugrunde legen.

Die in der abendländischen Welt am längsten bestehenden und historisch einflussreichsten Ethiksysteme haben ihre Wurzeln in den beiden bedeutendsten abendländischen Religionssystemen (Christentum und Islam). Dabei bilden die in den beiden abendländischen Religionssystemen „von Gott gegebenen" Verhaltensgesetze und Handlungsmaximen die Grundlage jener Ethiksysteme. In der Tat bestehen noch heute Ethikkommissionen zu 80% aus Theologen, was den Einfluss abendländischer Religionssysteme auf die heutigen Ethiksysteme verfestigt (die restlichen 20% sind Philosophen).

An dieser Stelle ist zu bemerken, dass jegliche Form theologischer Ethik nicht durch philosophisches Bedenken zustande kommt, sondern vielmehr das Produkt unreflektierter religiöser Propaganda ist. Denn die als von einer göttlichen Instanz vorgegeben beschriebenen Gesetze, aus welchen sich jede Theologie basierte Ethik ableitet, werden unhinterfragt für gültig und richtig vorausgesetzt – ungeachtet dessen, wie überholt sie einem reflektierten Denker erscheinen mögen. Eine weitere Schwäche auf Theologie beruhender Ethiken besteht darin, dass sie für das einzelne Individuum hinfällig werden, wenn es von der Existenz der postulierten Gottheit nicht mehr überzeugt ist.

Bis hierhin wurde dargelegt, dass Ethiken in jedem Falle von Menschen geschaffene Konstrukte sind und dass das, was als ethisch bzw. moralisch verantwortbar gilt, immer von der jeweiligen Ethik abhängt. Mit dieser Aussage möchten wir jedoch nicht die Sinnhaftigkeit von Ethik, verstanden als System, welches dem Individuum Orientierung hinsichtlich moralischer Beurteilung von Alltagssituationen spendet, an und für sich bestreiten.

Was wir allerdings bezweifeln ist, dass die bestehenden Ethiksysteme allen Individuen einer Gesellschaft in gleichem Maße eine für sie selbst sinnvolle und zuträgliche ethisch-moralische Orientierung bieten. Das ist u. a. darauf zurückzuführen, dass die derzeit bestehenden Ethiksysteme davon ausgehen, alle Menschen seien mehr oder weniger in Bezug auf ihre sozial-kognitiven Fähigkeiten gleichermaßen begabt. Dies ist aber de facto nicht der Fall. So gibt es neben Menschen mit durchschnittlichen sozial-kognitiven Fähigkeiten sowohl Minder- als auch Höher- bzw. Höchstbegabte. Die derzeitigen Ethiksysteme sind dabei für sozial-kognitiv minder- und durchschnittlich begabte Menschen geschaffen und für diese überaus zuträglich. Für sozial-kognitiv Höher- bzw. Höchstbegabte ist das jedoch nicht Fall, da diese Gruppe von Individuen in der Lage ist, eine für sich selbst optimal angepasste und enorm zuträgliche individuelle Ethik zu konstruieren.

Man könnte nun befürchten, dass die Ermutigung zur Konstruktion einer individuellen Ethik bei manchen Individuen die Herleitung von sehr egoistischen und sozialunverträglichen moralisch-ethischen Grundsätzen zur Folge hat. Berücksichtigt man jedoch die Tatsache, dass man selbst ein Mitglied und Teil der Gesellschaft ist, in der man lebt, dann wird ersichtlich, dass die Formulierung sozialunverträglicher moralisch-ethischer Grundsätze letzten Endes auch gegen sich selbst und die eigenen Wurzeln gerichtet wäre. Durch die Formulierung sozialfeindlicher bzw. sozialschädigender Handlungsmaximen schadet man sich also de facto selbst und wird zum Nestbeschmutzer, was Grund genug dafür ist, im Rahmen der Herleitung einer individuellen Ethik sozialverträgliche Handlungsmaximen zu konstruieren. Eine individuelle Ethik, die u.a. den gerade genannten Sachverhalt (i.e. dass man selbst ein Teil dieser Gesellschaft ist) berücksichtigt, wird von uns als *teleologiebasierte Ethik* bezeichnet.

Im Rahmen einer individuellen Wissensaktivierung, wird der Klient unter anderem dazu angeleitet, sich seine individuelle, teleologiebasierte Ethik zu konstruieren. Jetzt wird auch plausibel, warum die Wissensaktivierung ein ideologieneutrales System zur Persönlichkeitsentwicklung darstellt: Denn eine WA zielt in Puncto Ethikentwicklung lediglich darauf ab, dem Klienten aufzuzeigen, wie er sich eine individuelle, teleologiebasierte Ethik konstruieren kann. Die inhaltliche Befüllung dieser Ethik bleibt dabei vollständig dem Klienten vorbehalten.

## 3.3 Abschließendes Resümee zu Kapitel 3

Ziel dieses Kapitels war es darzulegen, dass es keine allgemeingültigen, regelraumunabhängigen Wahrheiten gibt. Eine Aussage kann allerhöchstens „innerhalb" eines konstruierten Regelraumes „allgemeingültig" wahr sein. Da alle dem Menschen verfügbaren Regelräume von ihm selbst konstruiert werden, sind alle Wahrheitsaussagen subjektiver Natur und können somit keine objektive Gültigkeit beanspruchen. Dies gilt insbesondere auch für ethisch-moralische Urteile, denn diese basieren auf einer von Menschen konstruierten Ethik. In der konkreten Anwendung bedeutet das, dass es sich nicht allgemeingültig festlegen lässt, ob ein Mensch etwa „gut" oder „schlecht" ist. Ob etwas nach Auffassung eines Individuums „gut", „schlecht" oder „böse" ist, hängt nämlich immer davon ab, welches Ethiksystem das urteilende Individuum während der Urteilsfindung verwendet. Dieses Ethiksystem muss nicht zwangsläufig ein gesellschaftlich oder religiös aufgenötigtes sein; es ist durchaus möglich, dass ein Individuum bei seiner Urteilsfindung auf ein für sich individuell angepasstes oder kreiertes Ethiksystem zurückgreift. Das heißt, dass es in der Natur an sich solche Dinge wie „gut", „schlecht", „böse", „lieb" oder „nett" nicht gibt.

Ein Beispiel: Angenommen zwei Auftragskiller „A1" und „A2" arbeiten auf Provisionsbasis. Ihre Provision bekommen sie wöchentlich ausgezahlt. A1 und A2 haben Frau und Kinder, welche sie durch ihre wöchentliche Provision ernähren und die somit auf sie notwendigerweise angewiesen sind. Nun erkrankt A1 für 2 Wochen an einer Grippe und bittet daher A2 das wöchentliche Pensum an Auftragsmorden für ihn zu übernehmen, da A1 ansonsten seine Familie nicht ernähren kann. A2 zeigt soziale Verantwortung für A1 und dessen Familie, indem er die Auftragsmorde von A1 übernimmt.

Jetzt stellt sich üblicherweise die moralisch-ethische Frage ob A2 nicht doch ein „schlechter" Mensch da Auftragsmörder, ist. Diese Frage lässt sich jedoch nicht eindeutig beantworten, da sich A2 auf der einen Seite gegenüber A1 sehr sozial verhält, wohingegen er auf der anderen Seite durch die Ausübung seines Berufes ein absolut gesellschaftsschädigendes Verhalten an den Tag legt.

Von einer gesellschaftlichen Perspektive aus betrachtet, würde man wahrscheinlich zu dem Urteil gelangen, dass A2 ein „schlechter" Mensch ist, wohingegen man von einer eher familiären Perspektive zu dem Schluss gelangen würde, dass A2 ein „guter" Mensch ist. Daraus wird ersichtlich, dass es sich nicht allgemeingültig feststellen lässt, ob A2 ein „guter" bzw. „schlechter" Mensch ist. „Etwas Gutes" bzw. „etwas Böses" verstanden als allgemeingültiger, bestehender Sachverhalt in der Natur an sich, ist demnach de facto nicht existent. Vielmehr bekommt A2 das Attribut „gut" bzw. „schlecht" durch das urteilende Individuum und dessen Perspektive auf die besagte Situation zugeschrieben. Aufgrund dieses Sachverhaltes (i.e. einer auf den Standpunkt des Betrachters bezogenen Zuschreibung von Attributen wie „gut" und „böse"), ist es unter Umständen besser, sich von solchen Begrifflichkeiten geistig zu befreien und anstelle dessen die Ausdrücke „meiner Meinung nach zuträglich für etwas" bzw. „meiner Meinung nach nicht zuträglich für etwas" zu benutzen.

Ähnliches gilt für Attribute wie „schön sein" oder „geheimnisvoll sein": Auch diese Eigenschaften sind in der Natur an sich nicht existent. Das heißt, die Natur an sich ist weder „schön" noch „geheimnisvoll". Diese Attribute werden Naturphänomenen durch den Menschen zugeschrieben. Beispielsweise, könnte ein Mensch einem Naturphänomen das Attribut „schön" zuschreiben, wenn die Betrachtung jenes Phänomens, die eigene Gemütslage positiv beeinflusst (eine Möglichkeit wäre hier, dass die Betrachtung eines Phänomens eine geistige Entspannung herbeiführt). Hingegen wird Naturphänomenen das Attribut „geheimnisvoll" zugeschrieben, wenn sich der Mensch ihr Zustandekommen nicht rational erklären kann.

Durch einen ähnlichen Mechanismus kommen im Übrigen auch solche Dinge wie „Wünsche", „Angst" und „Unzufriedenheit" zustande: Ein Wunsch entsteht dadurch, dass ein Mensch für sich selbst einen bestimmten Soll-Zustand definiert. Dieser Soll-Zustand unterscheidet sich von dem derzeitigen Ist-Zustand. Dem Erreichen dieses Soll-Zustandes wird das Attribut „für mich selbst zuträglich" zugeschrieben. In dem Moment, wo das Individuum einen noch unerreichten Zustand als für sich selbst zuträglich und somit erstrebenswert definiert, wird ein Wunsch geboren. Dabei bestimmt das Ausmaß, zu welchem das Individuum den definierten Soll-Zustand als für sich selbst als zuträglich erachtet, die Stärke des Wunsches. Erreicht es irgendwann diesen Soll-Zustand, empfindet das Individuum Zufriedenheit, was zur Folge hat, dass es sich selbst das Attribut „Glückseligkeit" zuschreibt. Solange das Individuum den besagten Soll-Zustand nicht erreicht hat, empfindet es ein gewisses Maß an Unzufriedenheit. Der Mensch ist somit Schöpfer seiner eigenen Unzufriedenheit, da jene erst durch die Formulierung eines persönlichen Soll-Zustandes möglich wird.[21]

---

[21] An dieser Stelle soll darauf hingewiesen sein, dass die meisten Menschen streng genommen keine vollständige Selbstherrschaft über die Formulierung ihrer eigenen Soll-Zustände haben. Denn in den meisten Fällen beruhen die Formulierungen individueller Soll-Zustände auf gesellschaftlichen Verprägungen. Abhilfe schafft hier eine individuelle Wissensaktivierung, indem sie dem Individuum diese gesellschaftliche Verprägungen bewusst macht und es ihm dadurch ermöglicht, vollständig selbstbestimmt seine Soll-Zustände zu formulieren. Dadurch erlangt das Individuum durch eine WA die Befähigung, selbst sein individuelles Maß an Zufriedenheit bzw. Unzufriedenheit zu bestimmen.

Hingegen kommt Angst insbesondere dann zustande, wenn das Individuum einen bestimmten Soll-Zustand für sich selbst als sehr zuträglich und zudem notwendig erachtet und zugleich ahnt, dass es zu einem gewissen Maß wahrscheinlich ist, jenen Soll-Zustand nicht erreichen oder halten zu können. Dabei bestimmt das Maß, zu welchem das Individuum das Nichterreichen des notwendigen Soll-Zustandes für wahrscheinlich erachtet, die Stärke der empfundenen Angst.

## 4. Sinn

Der Begriff „Sinn" wird im alltäglichen Sprachgebrauch vor allem auf die zwei folgenden Weisen verwendet: Zum Einen wird er benutzt, um die Ziel- und Zweckmäßigkeit einer alltäglichen Handlung zu bewerten. Diese Verwendung von „Sinn" ist in Aussagen wie „Es macht keinen Sinn an den Weihnachtsmann zu glauben, der ist eine Schöpfung von Coca Cola" oder „Es ist nicht sinnvoll, unfreundliches Verhalten gegenüber Menschen an den Tag zu legen, auf die man finanziell angewiesen ist" vorzufinden.

Zum Anderen wird der Begriff „Sinn" verwendet, um nach der Bedeutung von abstrakten und ideellen Konzepten zu fragen. Beispiele hierfür sind Aussagen wie „Was ist der Sinn des Lebens bzw. meiner persönlichen Existenz?", „Worin besteht die Sinnhaftigkeit von Kriegen?" und „Was ist der Sinn von Naturkatastrophen?". Die gerade dargelegte Unterscheidung tritt in der englischen Sprache etwas deutlicher hervor: Im Englischen werden Aussagen über die Ziel- und Zweckmäßigkeit einer Handlung mit *„something makes sense"* bzw. *„something does not make sense"* ausgedrückt, wohingegen Aussagen über die Bedeutung von abstrakteren Konzepten mit dem Begriff *„meaning"* formuliert werden (z.B.: *„The meaning of life"*). Auf Ersteres wird im Folgenden mit „Sinn (*Sense*)" verwiesen, wohingegen auf Zweiteres mit „Sinn (*Meaning*)" verwiesen wird.

Nachdem wir in den vorherigen Kapiteln gesehen haben, dass a) Wissen und Wahrheiten stets subjektiv (d.h. konstruiert) sind und in keinem Falle den Status objektiver Gültigkeit beanspruchen können und dass b) die Natur an sich nichts „Gutes", „Schlechtes" oder „Schönes" kennt, sollte an dieser Stelle ersichtlich werden, dass es in der Natur an sich auch keinen „Sinn

(*Meaning*)" gibt und dass jegliche Form von „Sinn (*Meaning*)" durch den Menschen in die Dinge hineingelegt bzw. ihnen zugeschrieben wird.

Aus diesem Grund erübrigen sich jegliche Sinnfragen (*Meaning*), die darauf abzielen herauszufinden, welchen Sinn (*Meaning*) „Leben" an sich für bzw. in der „Natur" habe. Fragen dieser Art können niemals beantwortet werden, da es keine Antwort auf sie „in der Natur" gibt. Akzeptiert man jedoch die Auffassung, dass die Natur an sich keinen Sinn (*Meaning*) kennt und dass jegliche Form der Sinnzuschreibung durch den Menschen vollzogen wird, dann lassen sich obige Sinnfragen (*Meaning*) plötzlich beantworten: Der Sinn (*Meaning*) von „Leben" ist für jeden einzelnen Menschen die Bedeutung, die er selbst dem Konzept „Leben" zuschreibt. Da jeder einzelne Mensch theoretisch eine leicht unterschiedliche Bedeutung vom „Sinn des Lebens" formulieren könnte (und de facto unterschiedliche, individuell zugeschriebene Bedeutungen von „Sinn des Lebens" existieren), gibt es keine allgemeingültige Bedeutung von „Sinn des Lebens". Ebenso besteht der Sinn (*Meaning*) von Naturkatastrophen in der Bedeutung, die wir ihnen beimessen. Auch in diesem Fall gibt es interindividuelle Differenzen bei der Bedeutungszuschreibung.

Ebenso wird Sinn, verstanden als *Sense*, durch den Menschen verschiedenen Sachverhalten oder Handlungen zugeschrieben. Solch eine Sinnzuschreibung (*Sense*) – das heißt eine Beurteilung der Zweckmäßigkeit einer bestimmten Handlung in Bezug auf einen bestimmten Sachverhalt – geschieht immer durch Rückgriff auf Erfahrungswissen. Auch in diesem Falle liegt der Sinn (*Sense*) einer vorliegenden Handlung bzw. eines Sachverhaltes nicht in der „Natur der Sache", sondern wird durch das Individuum zugeschrieben. Dass Aussagen wie „Es macht keinen Sinn brennendes Fett mit Wasser zu löschen" ausschließlich durch Erfahrungswissen zustande kommen, wurde schon – wenn auch in einem etwas anderen Kontext – durch den Philosophen David Hume festgestellt. Die obige Aussage (i.e. „Es macht keinen Sinn brennendes Fett mit Wasser zu löschen") basiert auf der Kenntnis der Auswirkungen, die die Hinzugabe von Wasser zu brennendem Fett hat. Das heißt, die obige Aussage basiert auf der (Er)Kenntnis des Verhältnisses von Ursache und Wirkung in Bezug auf die Hinzugabe von Wasser zu brennendem Fett.

Hume argumentiert nun dafür, dass die Kenntnis des Verhältnisses von Ursache und Wirkung (Kausalverhältnis) ausschließlich durch Erfahrung gewonnen werden kann:

*„Ich wage es den Satz, als allgemeingültig und keine Ausnahme duldend aufzustellen, daß die Kenntnis [einer Kausalbeziehung] in keinem Falle durch Denkakte a priori [22] gewonnen wird, sondern ausschließlich aus der Erfahrung stammt, indem wir feststellen, daß gewisse Gegenstände immerdar miteinander verbunden sind. Man lege einem noch so klugen und fähigen Menschen einen Gegenstand vor; ist ihm dieser gänzlich fremd, wird er – trotz sorgfältigster Untersuchung seiner sinnefälligen Qualitäten – nicht fähig sein, irgendeine seiner Ursachen oder Wirkungen zu entdecken. Adam, dessen Vernunftvermögen ursprünglich doch als schlechthin vollkommen galt, hätte von der Flüssigkeit und Durchsichtigkeit des Wassers nicht darauf schließen können, daß es ihn ersticken [würde], oder aus der Helle und Wärme des Feuers, daß es*

---

[22] Mit dem Begriff „Erkenntnisse *a priori*" werden in der Philosophie Erkenntnisse bezeichnet, die ohne Rückgriff auf Erfahrungswissen, also durch bloßes Nachdenken, gewonnen werden können. Im Gegensatz dazu stehen „Erkenntnisse *a posteriori*", welche ausschließlich durch Rückgriff auf Erfahrungswissen gewonnen werden können. Beispielsweise konnten für Hume mathematische Erkenntnisse durch bloßes Nachdenken, also *a priori*, gewonnen werden.

*ihn verzehren würde. Kein Gegenstand enthüllt jemals durch seine sinnfälligen Eigenschaften die Ursachen, die ihn hervorgebracht haben, oder die Wirkungen, die aus ihm entstehen werden [...]" (Hume, 1758/1982, S. 24 f.).*

Einfach ausgedrückt sagt Hume, dass die Kenntnis eines Kausalverhältnisses ausschließlich durch Erfahrung zustande kommen kann, da wir uns rein denkerisch, bei der Betrachtung eines bestimmten Gegenstandes (Ursache), unendlich viele mögliche Wirkungen vorstellen können und ohne Rückgriff auf Erfahrung keine Möglichkeit haben festzustellen, welche der möglichen Wirkungen in der Tat zutreffen wird.

Ob wir eine Handlung als „sinnvoll", im Sinne von „zweckmäßig" oder „zuträglich" erachten, hängt also von dem uns verfügbaren Erfahrungswissen ab. Dabei haben wir ohne jegliches Erfahrungswissen keinerlei Chance, über die Sinnhaftigkeit einer Handlung zu urteilen. Eine Handlung erhält somit erst dann einen Sinn (*Sense*) wenn wir dieser, durch Rückgriff auf unser Erfahrungswissen, eine Sinnhaftigkeit zuschreiben.

## 4.1 Sprache

Ein mit „Sinn" und „Bedeutung" sehr eng verbundener Themenkomplex ist „Sprache". Eine menschliche Sprache kann man im Prinzip als ein von Menschen geschaffenes System zur interindividuellen Informationsübermittlung verstehen; denn Sprache erlaubt es anderen, persönlich erworbene Kenntnisse zu vermitteln, in dem man seinen Erfahrungsschatz und sukzessive formulierten Glauben als Wissen über Umstände weitergibt. Ist der Vorgang, den Anderen in Formation zum Übermittelten zu bringen, erfolgreich, so muss dieser nicht dieselben Erfahrungen machen, um zu einer ähnlich validen Erkenntnislage zu kommen. Heißt, wir gehen davon aus, dass man in diesem Sinne sehr wohl Erfahrungen weitergeben kann, wenn die Essenz der gewonnenen Erkenntnis verdaulich aufbereitet und übermittelt wird. Um zu verdeutlichen, was Sprache bedeutet, gehen wir im Folgenden darauf ein, wann das Informationszeitalter eigentlich begann:

Das Informationszeitalter nahm seinen Anfang, als die ersten Menschen begannen, umständehalber generierte Erkenntnisse anderen zugänglich machen zu wollen. Der evolutive Vorteil dieser ersten Menschen ergab sich im gelingenden Übergang vom reinen Abarbeiten evolutionstechnisch generierter Verhaltensprogramme zur bewussteren Anpassung dieser an sich verändernden Umstände (situative Adaption von Verhalten). Dabei ergaben sich veränderungswirksame Anpassungen zunächst auf Basis von *„Trial and Error"*-Verfahren. Spekulationen darüber, wann die ersten Menschen den Übergang vom Erleiden ihrer Umgebungsanforderungen hin zu einer aktiven Gestaltung ihrer Umgebung und ihrer Beeinflussung vollzogen, gibt es viele. Voraussetzung für eine Kommunikation war jedenfalls, dass sie sich mit ihrer Wahrnehmung von Umständen aktiv auseinandersetzten. Je mehr Sinnelemente sie in ihrer Welt zu isolieren und zu nutzen verstanden, umso mehr mussten dabei zwangsläufig verarbeitet werden, was hohe Ansprüche an eine reflektierte Auseinandersetzung stellte. Wollten die ersten Menschen diese gewonnenen Erkenntnisse in ihrer Gruppe kommunizieren, musste ein entsprechend taugliches Transportmedium her: Sprache entstand. Dies hatte zudem den Vorteil, dass mit dem Ableben eines Erkenntnisformulieres nicht automatisch auch die von ihm formulierte und kommunizierte Kenntnis aus dem Sprach- und Denkraum verschwand. Somit wurde mit der Ausbildung von Sprache der erste externe Datenspeicher geboren.

Im Laufe der Zeit kam der Mensch von einer reinen Umweltbeschreibung dahin, Gesetzmäßigkeiten und Kausalzusammenhänge zu konstruieren, deren Kenntnis einen weiteren Überlebensvorteil darstellte, da sie einen prognostischen Wert hatten. Dabei ist es eine „Henne-oder-Ei-Frage", ob zuerst die Erkenntnislage zunahm und damit die Sprache komplexer werden musste, oder ob mit dem Sprachentstehen eine exponentielle Steigerung der Erkenntnislage zustande kam. In jedem Falle wurden Sinnelemente zunehmend gruppiert, gepaart und verknüpft – womit wir am Anfang der „Informationsgesellschaft" stehen.

Durch eine so möglich gewordene sprachliche Formalisierung von Handlungs- / Arbeitsanweisungen, konnten andere Individuen – mit den entsprechenden Voraussetzungen begabt – nun in Tätigkeiten eingeführt werden, wodurch so etwas wie erste kulturelle Praktiken entstanden. Aus deren Systematisierung entwickelten sich später Schulen. Aus dem zunehmenden Erfolg der Informationsverarbeitung und -weitergabe folgte mit der bereits angesprochenen exponentiellen Steigerung der Erkenntnisse die Notwendigkeit einer weiteren sprachlichen Ausdifferenzierung: So wurde die „Vergangenheitsform" entwickelt um auf „Erfahrungswerte" zu verweisen. Die Einführung der „Zukunftsform" erlaubte Zielvorstellungen und Vorhaben zu kommunizieren. Der Konjunktiv wiederum ermöglichte den Abgleich von divergierenden Interessenlagen. Schließlich begünstigte die Deklination von Substantiven die Entwicklung eines Verweissystems.

In den noch jungen menschlichen Kulturen hatten Wort- Satz- und allgemeine Bedeutung noch unkontrollierbare Halbwertzeiten: Geschahen Umweltkatastrophen, Kriege, Seuchen, Machtübernahmen oder Religionszwangskonvertierungen von ganzen Völkern, wurden Sprachmischformen erzwungen oder ganze Sprachformen ausgelöscht. Dabei mussten nach Einführung der Schriftsprachen nicht nach jeder Katastrophe oder Umwälzung dutzende sprachliche Beschreibungen komplett neu erfunden werden. Schließlich legte die Entwicklung von Kunstsprachen wie Mathematik, Logik und Programmiersprachen den Grundstein für eine ganz andere Art von Weltzugang und -erschließung.

Nach diesem Exkurs zum Beginn des „Informationszeitalters" können wir also festhalten, dass Sprache ein von Menschen geschaffenes Kommunikationskonstrukt zur Informationsübermittlung ist, welches sich im Laufe der menschlichen Phylogenese allmählich herausbildete, dabei nach und nach weiter differenziert und instrumentalisiert wurde und eine entscheidende Rolle für die kulturelle und sozial differenzierte Entwicklung der menschlichen Spezies spielte.

Wie die sprachhistorische Betrachtung des Wertes dieses Kommunikationskonstrukts zeigt, stellt Sprache letztlich das Instrument zur Reflexion und kognitiven Bewältigung gegebener Umstände bzw. unserer Umwelt dar (d.h. ohne Sprache keine Kognition).

Anmerkung: Dass die wichtige Phase emotionaler Entprägung in der Wissensaktivierung mittels eines Vorgangs semantischer Entprägung vorgegebener Begriffe von ihnen beigegebenen und meist unbemerkten emotionalen Verknüpfungen vollzogen wird, weist den von uns antizipierten hohen Stellenwert, den das Sprachverständnis für die persönliche Realitätsbildung hat, aus. Eine von zeitgenössischer emotionaler Befrachtung von Begriffen bereinigte Sicht auf Zusammenhänge wirkt hochgradig ernüchternd und entlastend und führt im späteren Verlauf einer umfassenden WA dazu, dass der von uns sogenannte Level des absoluten Geistes / des wissenschaftlichen Denkens erlangt werden kann (vgl. Kap. 6.3). Dabei setzt die Erlangung des Levels der „rekonstituitiven Autogenese" das Individuum umfassend in die Lage, das volle Potential sprachlicher Realitätsbildung zu erkennen. Das bedeutet, dass das Individuum die Befähigung erlangt, „Brüche" und „Blockaden" sowohl im eigenen Realitätsverständnis als auch dem Anderer zu erkennen und diese (zumindest in Bezug auf das eigene Realitätsverständnis) sukzessive zu bereinigen und damit zu echter Freiwilligkeit und Integrität zu gelangen: Während das persönliche Realitätskonstrukt vor einer WA aus einer *erleidenden Warte* über den Spracherwerb zustande kam, werden im Rahmen einer WA schrittweise die Mechanismen dieser Selbst- und Realitätskonstituition sichtbar gemacht, sodass im Sinne einer echten Freiwilligkeit und umfassender Erkenntnis des eigenen Potentials eine willentliche Neugenerierung des Persönlichkeitskonstrukts erreicht werden kann. Denn der Gebrauch von Worten formt unser Selbst-Verständnis und wo wir uns im erlebten Lebensumfeld einordnen. Mit dem Einstellen eines umfassenden Sprachverständnisses entsteht eine neue Unabhängigkeit von impliziten Wertungen und Glaubensinhalten, die wir beim Spacherwerb unbemerkt übernahmen. Wer erkennt, wie über eine sprachliche Manipulation von Begriffsinhalten alle Adressaten ihr Weltverständnis willig umbauen, erkennt auch, wo er selbst zum „Opfer" der „Macht des Wortes" geworden war.

## 4.2 Abschließende Anmerkungen

Bis zu dieser Stelle, war es unser Ziel, einige Themenkomplexe zu besprechen, die typische und grundlegende Themen im Rahmen von individuellen Wissensaktivierungen sind (i.e.: Was ist Wissen? Was kann ich über die Welt wissen? Was ist Wahrheit? Gibt es objektive Wahrheit? Gibt es einen Sinn? Was ist Ethik? Was ist ethisch-moralisch verantwortbar? Was ist „gut" bzw. „schlecht"? Wie kann ich die gesellschaftliche Perspektive verlassen? Warum sind Regelräume für viele Menschen so wichtig? Warum ist es für einen tauglichen WA-Klienten zuträglich, gegebene Regelräume zu hinterfragen? Was ist Sprache? Gibt es eine Seele? Was sind Religionssysteme? Was ist Glauben? Worin unterscheiden sich Wissen und Glauben?).

Wer mit den Schriften von Norbert Elias vertraut ist, der wird sehen, dass wir uns in einer ähnlichen Tradition hinsichtlich der Bemühungen zur Neuordnung unserer Wissensräume befinden (Elias, 2004). Der Vollständigkeit halber seien zudem die Bemühungen von Andorno und Horkheimer genannt, die sich in der Frankfurter Schule niederschlagen und letzten Endes in den Erlanger Konstruktivismus mündeten (Horkheimer & Adorno, 2006). Außerdem dürfen die Arbeiten von Ernst von Glasersfeld zum Radikalen Konstruktivismus, sowie die modern-relevanten wissenschaftstheoretischen Überlegungen von Wolfgang Deppert nicht übergangen werden (von Glasersfeld, 1997; Deppert, 2008-2010; Deppert, 2001; Deppert, 1997; Deppert, 2006). Dabei findet sich die Grundlage der Wissensaktivierung in dem, was wir „absoluten Konstruktivismus" nennen. Ein komprimierter Abriss zu den wichtigsten Einsichten und Grundannahmen des „absoluten Konstruktivismus", findet sich im letzten Kapitel dieses Buches.

Unterscheidendes Merkmal der Wissensaktivierung (als einer Ableitung aus dem absoluten Konstruktivismus) von klassischen sowie gängigen philosophischen Schulen als auch bestimmten interdisziplinären Anstrengungen, ist das Bemühen, den Schulterschluss zwischen geisteswissenschaftlicher Forschung und Alltagsnutzen zu wagen.

Die nächsten beiden Kapitel werden eine andere Zielsetzung als die bisherigen haben: Im folgenden Kapitel soll ein eher ganzheitlich orientierter Ausblick darauf gegeben werden, wohin eine individuelle Wissensaktivierung führt.

In dem letzten Kapitel dieses Buches, werden wir in einem Überblick auf die theoretischen Grundlagen der Wissensaktivierung eingehen. Dieses Kapitel wird sich auf Grund der Thematik etwas theoretischer gestalten und sei aus diesem Grund vor allem der philosophisch versierteren Leserschaft empfohlen.

## 5. Wohin führt eine individuelle Wissensaktivierung

Was treibt den normalen wie auch besser angelegten Verstand in dieser Gesellschaft um? Antwort: Die Suche nach Erfüllung! Sie äußert sich als gesellschaftlich induzierte Suche nach Angstfreiheit, Sicherheit, Geborgenheit, Anerkennung, Erfüllung, Sinn, Konformität, Ehre, Integrität, ethischer Sauberkeit, Liebe, Glück usw.. Während der Normalverstand dabei jedoch primär die Stillung vorgelegter Sehnsüchte präferiert, wird die Suchmotivation des besser angelegten Verstandes eher durch ein Bemühen um Entfaltung seines erahnten Potentials und befriedigende Erkenntnis gespeist. Dabei erfordert solch eine gesuchte und angestrebte „Versöhnung mit dem Ich" – deren Ergebnis in diversen Kulturen mit Begriffen wie „Satori", „Erleuchtung", „Ataraxia", „Tranquillitas" „Eudamonia", „absoluter Geist / wissenschaftliches Denken" usw. beschrieben wird – für den abendländischen Geist eine zuträgliche Systematik, welche ihn zu jener Versöhnung anleitet.

Die Wissensaktivierung stellt dabei unserer Kenntnis nach das einzig wissenschaftlich fundierte, ideologieneutrale und alltagstaugliche System dar, das diesen Ansprüchen gerecht wird.[23] Die Vorgehensweise der Wissensaktivierung kann dabei grundsätzlich als ein Prozess des Bewusstmachens und der

---

[23] Eine schon länger bestehende Anleitung zur der bereits erwähnten „Versöhnung mit dem Ich", stellt Hegels Propädeutik dar (Hegel, 1817; Hegel, 1807). Die Schwierigkeit jener Propädeutik besteht allerdings darin, dass sie von Hegel auf eine Art konstruiert und formuliert wurde, die dem nicht-Philosophen wie auch der großen Gruppe „schöngeistiger" Philosophen im Hume'schen Sinne, völlig unzugänglich ist (Hume, 1758 / 1982, S. 17-30). Das bedeutet, dass Hegels Propädeutik das Kriterium der Alltagstauglichkeit (v.a. in Bezug auf Verständlichkeit) nicht erfüllt

Neuausrichtung des Denkens sowie als ein Vorgang der Entprägung von liebgewonnenen und teuer gehaltenen Mustern und Vorstellungen verstanden werden.

Im Endeffekt führt eine individuelle Wissensaktivierung zu einer erheblichen Steigerung der kognitiven wie intuitiven Leistungsfähigkeit und Güte des menschlichen Geistes (v.a. Zusammenhangverständnis und Wahrnehmungsverständnis). Dabei haben ein gesteigertes Zusammenhang- und Wahrnehmungsverständnis eine bessere Urteilsfindung und Prognostik zur Folge. Resultate einer umfassenden Wissensaktivierung sind daher eine sich fühlbar einstellende entspannte Überlegenheit, Charisma und Gelassenheit, ein erhebliches Mehr an Handlungserfolg sowie eine bessere Lebensziel- und Etappenplanung.

Zum Abschluss dieses Kapitels möchten wir den Philosophen Michel Foucault zu Wort kommen lassen, welcher zwei Geisteseigenschaften beschreibt, deren Erreichen sich im Rahmen einer individuellen Wissensaktivierung sukzessive angenähert wird:

1. *Über die Unerschütterlichkeit des Geistes:* „*Es gibt eine offensichtliche Beziehung zwischen [...] dem Thema der Selbsttäuschung und dem Thema der Beständigkeit oder der Hartnäckigkeit [...] des Geistes. Denn die Selbsttäuschung zu zerstören und die Kontinuität des Geistes zu erreichen und zu bewahren, sind zwei [...] Tätigkeiten, die miteinander verbunden sind. Die Selbsttäuschung, die sie daran hindert, zu wissen, wer oder was Sie sind, und all die Wechsel in Ihren Gedanken, Gefühlen und Meinungen, die Sie zwingen, von einem Gedanken zum anderen zu schweifen, von einem Gefühl zum anderen oder von einer Meinung zur anderen, beweist diese Verknüpfung. Denn wenn Sie imstande sind, genau zu*

*beurteilen, was Sie sind, werden Sie an demselben Punkt stehenbleiben, und Sie werden durch nichts bewegt. Wenn Sie durch irgendeine Art von Reiz, Gefühl, Leidenschaft usw. bewegt werden, sind Sie nicht imstande, sich selbst treu zu bleiben, Sie hängen von etwas anderem ab. Sie werden zu unterschiedlichen Interessen getrieben und sind folglich nicht imstande vollständige Selbstbeherrschung zu bewahren"* (Foucault, 1996, S. 143 f.).

2. *Über die Standhaftigkeit und Ausgeglichenheit des Geistes: „Um es ganz kurz zu machen, das lateinische Wort ‚tranquillitas' [...] bezeichnet die Beständigkeit der Seele oder des Gemüts. Das ist ein Zustand, bei dem die Seele unabhängig ist von jeglicher Art äußerem Ereignis, und ebenso frei ist von jeglicher inneren Erregung oder Erschütterung, die eine ungewollte Seelenregung herbeiführen könnte. Es bezeichnet somit Beständigkeit, Souveränität über sich selbst und Unabhängigkeit. Aber ‚tranquillitas' verweist auch auf ein bestimmtes Gefühl angenehmer Ruhe, das seinen Ursprung, seinen Grundsatz in dieser Souveränität oder Beherrschung seiner selbst durch sich selber hat"* (Foucault, 1996, S. 158).

## 6. Komprimierter Abriss der wichtigsten Aussagen und Inhalte des absoluten Konstruktivismus

Die in den letzten Kapiteln behandelte Methodik der „Wissensaktivierung" vermittelt dem Klienten einen erkenntnistheoretischen Weltzugang, den wir als „absoluten Konstruktivismus" (AK) bezeichnen. Die Grundeinsicht des AK lautet, dass *jegliche* dem Menschen verfügbaren Erkenntnisse, Vorstellungen und Wissensinhalte von ihm selbst durch seinen Geist konstruiert wurden. Nach dem AK sind also jegliche Wissensinhalte (z.B. Naturgesetze), Vorstellungen (z.B. Seelenidee, Körperidee, Idee von Zeit und Raum, Idee einer Außenwelt, Idee von Materie, persönliche Wünsche, Ziele und Probleme) und gesellschaftliche Konstrukte (z.B. Sprache, Religion, Konzepte wie „Freundschaft", „Liebe", „Ehe", „Trauer") vom menschlichen Geist geschaffen und daher immer etwas Subjektives. Somit gibt es für den Menschen keine objektiven, vom Betrachter unabhängigen Erkenntnisse, Vorstellungen und Wissensinhalte, wie sie von philosophischen Positionen, wie etwa dem Realismus, postuliert werden. Der Grund, warum einige Menschen den Realismus als schätzenswert erachten, liegt darin begründet, dass er dem menschlichen Streben nach Sicherheit, d.h. nach sicheren und fest vorhersehbaren Umständen, sehr entgegenkommt. Dabei liegt das gravierendste Problem des Realismus darin, dass er die volle Entfaltung des geistigen Potentials verhindert: Dadurch das Wissensinhalte, Erkenntnisse und Konzepte aller Art als außerhalb des Individuums verortet betrachtet werden, verwehrt es der Realismus seinen Anhängern, jene Konzepte durch geistige Prozesse anzugehen, zu modifizieren oder sich gar von ihnen zu befreien, wenn sie dem Individuum mehr geistigen Ballast aufladen, als das sie ihm zuträglich sind. Anders ausgedrückt:

Der Realismus verhindert die individuelle Beschreitung neuer Denkwege und Einnahme neuer Perspektiven, zu denen eine individuelle Wissensaktivierung professionelle Anleitung bietet.

Die zweite wichtige These des AK ist, dass Menschen aufgrund unterschiedlicher Anlage und Sozialisation z.T. einen hochgradig verschiedenen Weltzugang haben. Das bedeutet, dass jeder Mensch die ihm durch seine Sinne gegebenen Reize aufgrund seiner Anlage und Sozialisation verschiedenartig prozessiert, was zu intersubjektiv verschiedenen Realitätsschöpfungen / Weltzugängen führt. Um diese These nachvollziehen zu können, braucht man nur an Menschen mit psychischen Störungen, Kinder oder etwa *Souvants* zu denken oder sich an die letzte Situation zu erinnern, in der es zu Missverständnissen oder Meinungsverschiedenheiten mit anderen Personen gekommen ist.

Die beiden gerade genannten Thesen, kann man als die beiden grundlegenden Postulate des AK ansehen. Neben diesen Grundannahmen behauptet der AK:

- dass dem menschlichen Geist von Geburt an die Befähigung zur Abstraktion und Assoziation gegeben ist, mit deren Hilfe er sich sukzessive aus den auf ihn einströmenden Sinnesreizen sein individuelles Dasein konstruiert (bei Kant: die Welt der Erscheinungen);
- dass „Denken", „Empfinden" und „Intuieren" drei grundlegende Funktionsprinzipien des menschlichen Geistes sind;
- dass der Level des individuellen geistigen Entwicklungsstandes eines jeden Menschen einer der folgenden Kategorien zugeordnet werden kann: a) Level des natürlichen Geistes, b) Level des Verstandesdenkens, c) Level des

Vernunftdenkens, d) Level des subjektiven / objektiven Geistes, e) Level des absoluten Geistes / des wissenschaftlichen Denkens. Dabei kann der Level des „wissenschaftlichen Denkens" als eine konsequente, vollständige, durchdrungene und gelebte Anwendung der Erkenntnisse aus dem konsequenten Konstruktivismus auf sich selbst verstanden werden.

Im Folgenden werden wir auf die gerade genannten Punkte etwas detaillierter eingehen. Da dieses Kapitel von uns klar als ein An- und Abriss des absoluten Konstruktivismus intendiert ist, kann und muss die folgende Darstellung der bereits erwähnten tragenden Konstrukte notwendig fragmentarisch erfolgen.

## 6.1 Abstraktion und Assoziation

Alle Informationen die wir Menschen über die Welt erhalten, werden uns über unsere Sinne vermittelt. Dabei liefern uns unsere Sinne kein vollständiges Abbild des „Seins" oder „der Welt an sich", sondern vielmehr nur einen bestimmten Ausschnitt. Beispielsweise können wir Menschen nur bestimmte elektromagnetische Wellenspektren mit unseren Augen wahrnehmen (400-700nm), wobei wir verschiedene Wellenlängen als unterschiedliche Farben wahrnehmen (z.B. nehmen wir Wellenlängen im Bereich von 400 bis ca. 450 nm als bläulich wahr und Wellenlängen im Bereich von 700nm als rötlich). Andere definierte elektromagnetische Wellenspektren wie z.B. Gamma-, Röntgen-, Ultraviolett-, Infrarot- und Radarstrahlen entziehen sich hingegen unserer sinnlichen Wahrnehmung.

Um jedoch diese Informationen, die uns unsere Sinne übermitteln, in irgendeiner Form für uns nutzen zu können, müssen sie zunächst durch unseren Geist bzw. unser Gehirn verarbeitet werden. Erst dadurch, dass unser Geist die ihm durch die Sinne zur Verfügung gestellten ungeordneten Informationen verarbeitet, kommen Wahrnehmungen bzw. Perzepte überhaupt zustande. Anders ausgedrückt: Die Konstruktion einer individuellen Realität bzw. des „Daseins" wird erst dadurch möglich, dass unser Geist, die ihm durch die Sinne zur Verfügung gestellten Informationen auf eine bestimmte Weise prozessiert.

Alle Lebewesen, die mit einem Nerven- und Sinnessystem ausgestattet sind, vermögen Sinnesinformationen in irgendeiner Form zu verarbeiten (Beispielsweise besitzen auch Insekten ein Nervensystem). Es entscheidet daher die Komplexität und Grundfunktionalität des jeweiligen Nervensystems, auf welche Weise und in welchem Ausmaß die gegebenen

Sinnesinformationen verarbeitet werden. Nach dem derzeitigen Kenntnisstand, ist das menschliche Zentrales Nervensystem (ZNS) das komplexeste und am weitesten entwickelte Nervensystem.

Unserer Auffassung nach, verfügt das menschliche Gehirn von Geburt an über zwei Grundfunktionalitäten, die letzten Endes Ausgangspunkt und Grundlage aller individuellen Realitäts- bzw. Daseinskonstruktionen sind. Diese zwei Grundfunktionalitäten sind die der „Abstraktion" und „Assoziation".

Die Fähigkeit der „Abstraktion" ist nichts anderes als die Befähigung zur Klassen- und Konzeptbildung. Typische Konzepte, die heutige abendländische Kulturmenschen in ihrer frühen Ontogenese ausbilden, wären z.B. Konzepte wie: „Hund", „Pferd", „Mensch", „Ich", „sehr hell – weniger hell – dunkler – sehr dunkel", „lieb – böse" usw..

Hingegen beschreibt der Begriff „Assoziation" die Befähigung zur Klassifikation; i.e., die Fähigkeit, komplexe Informationscluster bereits bestehenden Klassen / Konzepten zuzuordnen oder mit bereits bestehenden Klassen / Kategorien abzugleichen.[24] Beispielsweise bestünde ein klassischer Assoziationsvorgang darin, ein wahrgenommenes Informationscluster mit dem Konzept „Pferd" in Verbindung zu bringen, was zur Folge hat, das jenes Informationscluster als Pferd erkannt wird. Ebenso könnte es aber sein, dass das Individuum ein Informationscluster wahrnimmt, welches zu keinem der bestehenden Konzepte „passt". Das heißt, der Assoziationsprozess,

---

[24] Da die Assoziation einen komplexen Vorgang des Abgleichens von Informationsclustern mit bestehenden Konzepten darstellt, kann sie unserer Auffassung nach als ein mehr oder weniger bewusster, auf höherem Level angesiedelter Reflektionsprozess angesehen werden.

verstanden als ein Vorgang des Abgleichens von wahrgenommenen Informationsclustern mit bestehenden Konzepten, ist zu dem Ergebnis gelangt, dass keines der bestehenden Konzepte mit dem wahrgenommenen Informationscluster in Verbindung gebracht werden kann. In diesem Fall muss wieder der Vorgang der Abstraktion, d.h. der Konzeptbildung, bemüht werden, um ein neues Konzept für das wahrgenommene Informationscluster zu generieren.

Dabei geschieht dieser Vorgang der Konzeptbildung unter Berücksichtigung der bereits bestehenden Konzepte: Angenommen ein Kind hat bereits Konzepte von „Pferd" und „Kuh". Nun kommt es das erste Mal in seinem Leben mit dem Tier „Schwein" in Kontakt. Die Wahrnehmung des Informationsclusters „Schwein" passt weder wirklich in die Kategorie „Pferd" noch in die Kategorie „Kuh". Allerdings ist jenes Informationscluster auch hinsichtlich mancher Aspekte sehr ähnlich zu den Konzepten „Pferd" und „Kuh". Denn das Informationscluster „Schwein" hat ebenfalls vier Beine[25] und ist z.T. in ähnlichen Umgebungen anzutreffen wie Pferde und Kühe. Die (wiederholte) Wahrnehmung des Informationsclusters „Schwein" führt schließlich dazu, dass das Kind das Konzept „Schwein" ausbildet, wobei die Beschaffenheit jenes Konzeptes maßgeblich von den bereits bekannten Konzepten „Pferd" und „Kuh" beeinflusst und zu diesen in Relation gesetzt wird.

In dem Postulat, dass der menschliche Geist von Geburt an über die Fähigkeit zur „Abstraktion" und „Assoziation" verfügt, soll nicht impliziert sein, dass ausschließlich die menschliche Spezies (homo sapiens) über jene Fähigkeiten verfügt. Unserer Meinung nach verfügen auch andere Säugetiere wie

---

[25] Dies setzt natürlich voraus, dass das Konzept von „Bein" ebenfalls bereits ausgebildet ist, wovon in diesem Beispiel ausgegangen wird.

z.B. Schimpansen und Hunde über grundlegende Fähigkeiten zur Abstraktion und Assoziation. Allerdings sind jene Fähigkeiten unserer Auffassung nach beim Menschen im Vergleich zu anderen Säugetieren viel umfassender ausgebildet. Um die außerordentliche Prägnanz von „Abstraktion" und „Assoziation" für die menschliche Erkenntnisfähigkeit zu verdeutlichen und um die Güte ihrer Ausprägungen von der höherer Säugetiere plastisch abzugrenzen, sei das folgende fiktive Beispiel genannt:

Angenommen, ein altzeitlicher Beduine, welcher noch nie zuvor mit moderner Technik in Berührung gekommen ist, geschweige denn eine größere Stadt gesehen hat, wird plötzlich gezwungen, in ein Flugzeug zu steigen. Dieses Flugzeug überfliegt nun den Indischen Ozean. Plötzlich wird dem Beduinen ein Fallschirm umgeschnallt und er wird aus dem Flugzeug gestoßen. Der Fallschirm ist so konstruiert, dass er sich selbständig öffnet. Der Beduine landet durch Zufall auf einem Ruderboot. Zunächst ist der Beduine von der gesamten Situation vollständig überwältigt (im Sinne einer geistigen Überlastung), da ihm die Konzepte „Fliegen / Fallen aus großer Höhe", „360 Grad Aufblick auf Szenerien", „Meer (d.h. riesige Menge von Wasser mit Auftrieb)", „Boot / schwanken" vollständig fehlen. Falls er den ersten Schock überstanden hat, beginnt er die neuen Eindrücke mit seinen bereits vorhanden Konzepten abzugleichen und neue Konzepte zu bilden (i.e. Assoziation und Abstraktion): Zum Einen beginnt er sein bisheriges Konzept von „Wasser", das er bis vor Kurzem stets in nur sehr geringen Mengen antraf, und dessen möglichen Dimensionen und Eigenschaften zu relativieren. Ebenso entwickelt er eine erste Idee davon, dass bestimmte Materialien die Eigenschaft besitzen, an der Wasseroberfläche zu bleiben, wobei noch die Wassermenge, auf der er sich befindet, augenscheinlich eine gewisse Tiefe vermuten lässt. Durch seine Flugerfahrung beginnt er, Luft erstmalig wirklich als eine Substanz zu verstehen, die einen gewissen Widerstand hat. Darüber hinaus entwickelt er durch seinen Flug und Fallschirmsprung überhaupt erst ein differenziertes Konzept von enormer „Höhe" und „freiem Fall".

All dies würde ein Affe, welcher sich anstelle des Beduinen im Boot befindet, nicht tun: Ein Affe mag zwar rudimentäre Konzepte von „Wasser" haben, weil er beispielsweise in der Vergangenheit mit Wasser um sich gespritzt hat, jedoch würde er nicht so umfänglich wie der Beduine beginnen, neue Konzepte wie „freier Fall", „Luftwiderstand", „Schwimmen" auszubilden, geschweige denn seine bisherigen rudimentären Konzepte bewusst mit seinen neuen Sinneseindrücken abgleichen. Der Affe würde lediglich herumkreischen, u.a. deswegen, weil er die Situation als bedrohlich einstuft, und – letzten Endes im Boot angekommen – verdursten.

Wahrscheinlich wird der Beduine auch verdursten oder an einer Dehydration durch Salzwasser sterben; bis dahin wird er jedoch eine Menge an geistiger Reflexion (durch bewusste Bemühung von Abstraktion und Assoziation) geleistet haben. Treiben wir das Beispiel weiter und lassen den Beduinen mit dem Boot schnell eine vereiste Zone erreichen, so wird er Wasser zudem noch in einem völlig unbekannten Aggregatzustand erfahren. Denn nach endlosem Fußmarsch wird er sich setzen und mit seiner Körperwärme die „brennend" kalte, weiße Substanz unter sich zum Tauen bringen.

Die beschriebene Kette von Erfahrungen würden zwei unterschiedliche Beduinen sehr unterschiedlich aufnehmen. Stellen wir uns vor, der Eine wäre stark religiös geprägt. In diesem Fall besteht eine große Chance, dass er überhaupt keine Erfahrungen macht, da er jedes der beschriebenen Fährnisse dem

Willen eines höheren Wesens anheimstellt und sich über die Beschaffenheiten seiner Umgebung keine Gedanken macht, während vermutlich Bilder einer heiligen Schrift in ihm aufsteigen und ihn laufend an höllenartige Szenen gemahnen, denen er sich nun hilflos ausgesetzt vermutet. Hingegen könnte der anlagebedingt wohl möglich nicht völlig zur Selbstaufgabe verprägte Typ vom gleichen Stamm in Maßen, wie anfangs beschrieben, damit anfangen, Erkenntnisse herzuleiten und bei Erreichen der arktischen Gefilde gar Überlebensmöglichkeiten zu definieren beginnen. Denn wenn es auch kalt wäre, er trüge mehr Lagen an Gewändern als ein Abendländer gleicher Zeit.

## 6.2 Die grundlegenden Funktionsprinzipien des menschlichen Geistes

Nach den Thesen des AK, lässt sich der menschliche Geist zum Zeitpunkt der Geburt grob in zwei Funktionseinheiten unterteilen. Diese beiden Funktionseinheiten werden wir „Basissystem (BS)" und „höher komplexes Informationsprozessierungssystem (HIS)" nennen. Das Basissystem umfasst die Exekution biologisch vererbter Triebe und Bedürfnisse, welche im Großen und Ganzen durch die Begriffe „Selbsterhalt" und „Arterhalt" beschrieben werden können. Diese biologischen Verhaltensprogramme zum Selbst- und Arterhalt schlagen sich beim Menschen konkret in dem Bedürfnis nach Schlaf, Nahrung, körperlicher Unversehrtheit, Kopulation und Sozialisation nieder. Um dem Bedürfnis nach körperlicher Unversehrtheit nachzukommen, bewertet und selektiert das Basissystem eingehende Reize recht rudimentär hinsichtlich möglicher schadhafter bzw. zuträglicher Auswirkungen für den Organismus (Reize die keinerlei Relevanz haben, werden dabei ignoriert und somit „herausgefiltert"). In Folge dessen lösen Reize, die als unzuträglich bewertet wurden, ein Vermeidungsverhalten aus, wohingegen Reize, die als zuträglich bewertet wurden, ein Zuwendungsverhalten nach sich ziehen.

Hingegen zeichnet sich das höher komplexe Informationsprozessierungssystem (HIS) schlicht durch seine umfassende Befähigung zur komplexen Informationsverarbeitung aus. In gewisser Weise kann man sich das HIS als einen Hochleistungsprozessor vorstellen, der von dem Basissystem als komplexes Hilfsmittel zur Erfüllung der bestehenden Bedürfnislagen benutzt wird (z.B. zur Generierung eines ausgetüftelten Plans zur Nahrungsbeschaffung, wenn das Bedürfnis „Hunger" vorliegt). Dabei sind die in Kapitel 6.1 beschriebenen Fähigkeiten zur „Abstraktion" und „Assoziation" als Basisfunktionalitäten zur Informationsprozessierung im HIS angelegt. Damit soll jedoch nicht gesagt sein, dass Abstraktion und Assoziation die einzigen Informationsverarbeitungsmechanismen des HIS sind.

Die Disposition von Menschen, eine Sprache erlernen zu können, besteht in der Befähigung des HIS zur unglaublich komplexen Informationsprozessierung samt Abstraktion und Assoziation. Auch wenn die Grundfunktionalität des HIS für den Erwerb von Sprache absolut notwendig ist, wird sie durch den Erwerb von Sprache maßgeblich verändert bzw. erweitert. Dabei kann man sich Sprache für das HIS wie eine Software vorstellen, die man auf einen Computer aufspielt: Erst nach Aufspielen eines bestimmten Programms verfügt der Computer über gewisse Funktionalitäten. Die neue Funktionalität, die das HIS durch den Erwerb von Sprache erlangt, ist die des linearen Denkens bzw. der Kognition. Das charakteristische Merkmal des linearen Denkens ist, dass die gegebenen Informationen auf eine lineare und gewissermaßen sequenzielle Art und Weise prozessiert werden. Anschaulich ausgedrückt, operiert das lineare Denken auf eine Art und Weise, die sich am besten mit Aussagen wie „Wenn X der Fall ist, dann tue ich Y, ansonsten tue ich Z" oder „Da X nicht eingetreten ist und Z vermutlich eintritt, werde ich Y tun" veranschaulichen lässt. Im Prinzip kann man sagen, dass sich die Art und Weise des menschlichen linearen Denkens in der Funktionsweise der von uns erschaffenen Logiksysteme widerspiegelt, wie sie in Kap. 2.2 bereits erläutert wurden. Der Grund, warum die ontogenetische Entwicklung des linearen Denkens bzw. die Kognition mit dem Spracherwerb einhergeht und notwendigerweise auf diesen angewiesen ist, liegt darin, dass erst durch Sprache die das lineare Denken auszeichnenden Konzepte und Operatoren (wie „wenn-dann-sonst", „und", „oder", „nicht", „notwendig", „hinreichend" etc.) im HIS implementiert werden. Anders ausgedrückt: Durch Sprache wird das Kategorien- und Konjunktivdenken im Menschen implementiert. Daraus wird ersichtlich, dass weniger komplexe Sprachen eine weniger komplexe Kognition zur Folge haben als höher komplexe Sprachen.

Nachdem Kinder in der abendländischen Welt ihre Muttersprache grundlegend beherrschen und somit auch grundlegende Fähigkeiten zur linearen Informationsverarbeitung erworben haben, werden sie zum Besuch von Kindergarten und Schule angehalten, wo ihre Fähigkeiten zum linearen Denken vertieft ausgebildet werden. Das Resultat sind mehr oder minder begabte Verstandesdenker (vgl. Kap. 6.3). Wie aber bereits weiter oben erwähnt, ist die Kognition nur ein durch Sozialisation erworbenes „Denkmodul" des HIS. Von sich aus verfügt das HIS nämlich noch über eine ganz andere Art der Informationsverarbeitung, welche wir als nicht-lineares Denken / Prozessieren bezeichnen möchten.

Der entscheidende Unterschied von nicht-linearem Denken / Prozessieren und Kognition besteht darin, dass das nicht-lineare Denken nicht mit Operatoren wie „WENN-DANN-SONST", „NICHT", „UND", „ODER" arbeitet, sondern vielmehr durch chaotische Informationsverarbeitungsprozesse gekennzeichnet ist, die sich mit der menschlichen Sprache nicht wirklich beschreiben lassen, da jene eben linearer / kategorischer Natur ist. Auch wenn es in der heutigen Gesellschaft nicht wirklich gefördert wird und daher recht unbekannt ist, kann man lernen, diesen grundsätzlich in uns angelegten, nicht-linearen Informationsverarbeitungsprozess gezielt anzusteuern (z.B. um Lösungen zu bestehenden Problemen zu finden). Genauer gesagt kann man lernen, diesem nicht-linearen System bestimmte kategorisierte und sprachlich gefasste Informationseinheiten zur weiteren Prozessierung zu übergeben.

Im Rahmen der nicht-linearen Verarbeitung kommt es dazu, dass jene übergebenen Informationseinheiten auseinander sortiert, mit bestehendem Wissen abgeglichen und schließlich zu neuen Informationseinheiten zusammengesetzt werden. Das Ergebnis dieses Vorganges bezeichnen wir als intuitiven Sprung, da es sich um ein Resultat handelt, welches man auf dem linearen Denkwege nicht erhalten kann. Denn beim linearen Denken geht es eben darum, in bestimmten Kategorien zu denken bzw. bestimmte Kategorien während des Denkens zu verwenden, wohingegen es elementarer Bestandteil des nicht-linearen Denkens ist, jene Kategorien aufzulösen bzw. loszulassen (zum Begriff des Loslassens vgl. Kap. 2.4).

Den gerade beschriebenen, bewusst initialisierbaren Prozess des nicht-linearen Denkens, bezeichnen wir als „Intuieren", wobei sein Ergebnis von uns, wie bereits erwähnt, als „intuitiver Sprung" bezeichnet wird. Im Rahmen einer WA wird der Klient umfassend dazu befähigt, den Vorgang des Intuierens für sich nutzbar zu machen und auf diesem Wege ein Allzweck-Instrument zu erlangen, um wirklich neue Lösungen zu bestehenden Problemen aus sich zu schöpfen bzw. zu kreieren. Die auf diesem Wege erlangte Fähigkeit bezeichnet man im Alltag auch als „Kreativität".

Basierend auf den in diesem Unterkapitel (6.2) in der Tat sehr komprimiert dargelegten Sachverhalten, lassen sich drei wichtige Funktionsprinzipien des menschlichen Geistes konstatieren:

a) Die Befähigung zur Empfindung / selektiven Wahrnehmung; i.e., die Befähigung saliente (i.e. für das System bedeutsame Sinnesinformationen) zu selektieren. Dabei werden für das System derzeit zuträgliche bzw. weniger zuträgliche Reize beachtet und weiterverarbeitet (um basierend

auf ihnen, durch weitere Verarbeitung, geeignete Verhaltensstrategien zu entwickeln), wohingegen neutrale / irrelevante Reize ignoriert bzw. herausgefiltert werden;
b) das Denken / die Kognition; i.e. die Befähigung zur linearen, kategorialen und sequenziellen Informationsverarbeitung;
c) das Intuieren; i.e. (bewusst initialisierbare) Prozesse nichtlinearen Denkens.

Wie wir in der Einleitung von Kapitel 6 bereits gesehen haben, ist es eine der Grundannahmen des absoluten Konstruktivismus, dass Menschen hinsichtlich ihrer geistigen Konstitution z.T. hochgradig verschieden voneinander sind. Ein wichtiger Grund für diese interindividuellen Differenzen liegt nach den Thesen des absoluten Konstruktivismus darin, dass die obigen drei Funktionsprinzipien bei jedem Menschen unterschiedlich stark ausgeprägt sind.

## 6.3 Stufen geistiger Entwicklung

Nach den Thesen des absoluten Konstruktivismus, lässt sich der Entwicklungsstand des menschlichen Geistes in die folgenden Entwicklungsstufen unterteilen:

a) Der Level des natürlichen Geistes
b) Der Level des Verstandesdenkens
c) Der Level des Vernunftdenkens
d) Der Level des objektiven / subjektiven Geistes
e) Der Level des absoluten Geistes / des wissenschaftlichen Denkens

Dem philosophisch Beleseneren mag auffallen, dass diese Unterteilung an Hegels Stufen der geistigen Entwicklung angelehnt ist (Hegel, 1807; Hegel, 1817). Im Folgenden soll auf jede dieser einzelnen geistigen Entwicklungsstufen etwas genauer eingegangen werden. Dabei werden wir mit der Beschreibung des rudimentärsten geistigen Entwicklungslevels – dem natürlichen Geist – beginnen und uns nach und nach zu der höchsten Entwicklungsstufe – dem wissenschaftlichen Denken – vorarbeiten.

## 6.3.1 Der Level des natürlichen Geistes

Der Level des natürlichen Geistes beschreibt den geistigen Stand, auf dem sich die Mitglieder von Naturvölkern und die meisten Kleinkinder befinden, bevor letztere entweder bereits schon im Kindergarten oder spätestens in der Schule über die Welt, die sie wahrnehmen, systematisch belehrt werden. Der natürliche Geist versteht weder, dass das, was wir Objekte oder Gegenstände nennen, Konstruktionen unseres Geistes sind, noch dass die gesamte Welt, wie wir sie wahrnehmen, ebenfalls eine Konstruktion unseres Geistes ist und dass wir keinerlei Zugang zu der Welt *an sich* haben. Für den natürlichen Geist sind alle Objekte und Gegenstände, die er wahrnimmt und mit denen er in mentalen Vorgängen operiert, konkrete Entitäten, die in der Welt an sich existieren. Die Überzeugung des natürlichen Geistes von der konkreten Existenz wahrgenommener Entitäten in der Welt *an sich* rührt daher, dass der natürliche Geist keine Konzepte von „Sein (Welt an sich)" und „Dasein (persönlich konstruierte Realität)" besitzt. Für den natürlichen Geist existiert also nur eine „Welt" und diese „Welt" wird von ihm als ein existierendes, reales Ding verstanden und nicht als eine Idee bzw. ein Konzept. Werden an den natürlichen Geist Konzepte wie „Weihnachtsmann" oder „Schutzengel" herangetragen, dann glaubt dieser, dass es sich dabei um konkrete Gegenstände handelt. Die Erkenntnis, dass alles, was an einen herangetragen wird, reine Ideengebäude sind, liegt für den natürlichen Geist also noch in weiter Ferne. Der natürliche Geist unterliegt demnach im vollen Umfang dem Objektdenken. Dabei entspricht der von uns verwendete Begriff „Objektdenken", dem „Vorstellungsdenken" vorsokratischer Manier.

## 6.3.2 Der Level des Verstandesdenkens

Der *Verstandesdenker* unterscheidet sich von dem natürlichen Geist dahingehend, dass ihm durch schulische Bildung und längere Sozialisationszeit differenziertere Objektkategoiren und Strategien zur Informationsverarbeitung / Weltbeschreibung aufgeprägt wurden. Das heißt zum Einen, dass die Güte der Kognition (i.e. das lineare Denken, s.h. Kap.6.2) beim *Verstandesdenker* differenzierter und ausgebildeter ist als beim natürlichen Geist. Zum Anderen besitzt der *Verstandesdenker* eine größere Menge an Kategorien und Konzepten, die beispielsweise durch schulische Bildung an ihn herangetragen wurden.

Ein Beispiel hierfür wäre das Konzept der Mathematik, mit dem Kinder ab ihrem ersten Schultag vertraut gemacht werden. Hingegen haben die Level des Verstandesdenkens und des natürlichen Geistes gemein, dass sie vollständig dem bereits in Kapitel 6.3.1 beschriebenen Objektdenken unterliegen: Für den Verstandesdenker verweisen ihm bekannte sprachliche Objektbezeichnungen auf konkret existierende Gegenstände in der Welt an sich. Ebenso werden sprachliche Konstrukte wie „gut", „böse", „schön", „Gerechtigkeit" als Begriffe verstanden, die eine eindeutige und unveränderliche Bedeutung haben, die nicht auf willkürlicher Definition basiert und die irgendwo in der Realität vorzufinden ist. Da der natürliche Geist solche sprachlichen Konzepte wie die eben genannten noch nicht im vollen Umfang aufgeprägt bekommen hat, kann die Entwicklungsstufe des Verstandesdenkens gegenüber der des natürlichen Geistes als eine auf einem höheren Level organisiert befindliche angesehen werden.

### 6.3.3 Der Level des Vernunftdenkens

Der Level des Vernunftdenkens zeichnet sich durch ein aufkeimendes Verständnis von Relativität und Relationalität hinsichtlich bestehender Kategorien und Konzepte aus. Ein *Vernunftdenker* versteht beispielsweise, dass der Begriff „Leben" verschiedene Bedeutungen haben kann, je nachdem ob man ihn aus einer biologischen oder christlich-theologischen Perspektive betrachtet. Ebenso ist ein *Vernunftdenker* in der Lage, diese beiden unterschiedlichen Bedeutungen von „Leben" mehr oder minder bewusst miteinander abzugleichen und in Beziehung zueinander zu setzen (Dazu ist der *Verstandesdenker* nicht fähig). Allerdings versteht der *Vernunftdenker* noch nicht, dass der Begriff „Leben" an sich ein von Menschen geschaffenes, subjektives Konzept ist, welchem der Mensch aktiv eine Bedeutung zugeschrieben hat. Denn es fehlt ihm noch an Verständnis dafür, dass dem Konzept „Leben" durch verschiedene menschliche Subgruppen (z.B. Theologen, Biologen) aktiv unterschiedliche Bedeutungen zugeschrieben werden.

Der *Vernunftdenker* ist also in der Lage, die unterschiedlichen Definitionen und Perspektiven von bzw. auf bestimmte Konzepte(n) zu erkennen und abzugleichen, jedoch ist er sich nicht in vollem Umfang über den subjektiven und konstrukthaften Charakter dieser Konzepte im Klaren. In diesem Sinne haben Begriffe und Begriffsdefinitionen für den *Vernunftdenker* noch einen recht ausgeprägt objektiven Anstrich. Das herausstechende Merkmal des Vernunftdenkens kann als Relativieren und Relationalisieren von gedacht objektiv existierenden Entitäten beschrieben werden.

### 6.3.4 Der Level des subjektiven / objektiven Geistes und absoluten Geistes

Ein Mensch kann sich weiter entwickeln hin zum dem Level des subjektiven Geistes oder des objektiven Geistes. Dabei gilt für diesen Level, dass sich beide in gewisser Weise gegenseitig ausschließen und stark anlagebedingt begründet sind. Die Fusionierung beider Level, i.e. das Zugleich- und Einssein von subjektivem und objektiven Geist in einer Person, zeichnet den nächsthöheren Level, nämlich den des absoluten Geistes, aus. Im Folgenden werden wir zunächst die Level des objektiven bzw. subjektiven Geistes separat beschreiben und daraufhin auf den Level des absoluten Geistes eingehen:

Der objektive Geist besitzt die umfassende Befähigung, bestehende Kategorien und Konzepte differenziert in ihre Eigenschaften und Bestandteile zu zerlegen und die so gewonnenen Eigenschaften und Bestandteile zu benutzen, um bewusst neue Kategorien und Konzepte zu kreieren. Die Welt ist ihm zu einer Art kristalliner Matrix geworden, deren kleinste objektive Elemente er zur Sinn- und Begriffskonstruktion bemühen kann. Er besitzt somit die umfängliche Befähigung zur Dekonstruktion und Neugenerierung von Konzepten, Kategorien, Begriffen und Begriffsräumen. Dazu ist ein *Vernunftdenker* nicht in der Lage; denn jener ist lediglich dazu befähigt, bereits bestehende Begriffe und Konzepte miteinander abzugleichen und zueinander in Beziehung zu setzen. Trotz der umfassenden Befähigung des objektiven Geistes zur Dekonstruktion und Neugenerierung von Begriffsräumen fehlt ihm die tiefgehende Einsicht, dass er bei seinen Dekonstruktions- und Neugenerierungsprozessen ständig mit subjektiv erschaffenen Konzepten und Ideen operiert. Das heißt, dem objektiven Geist fehlt die subjektive Perspektive.

Der subjektive Geist wiederum empfindet umfangreich die Unschärfe hinter allen Wissens- und Regelformulierungen, die dem objektiven Geist fehlt. *Vernunftdenker*, die den erforderlichen Reifeschub erleben, beginnen fortlaufend bestehende Schwächen und Lücken in Regelräumen sowie den Konstruktcharakter ihrer Umgebung, in deren geistiger und materialer Natur, wahrzunehmen. Allerdings mangelt es dem subjektiven Geist an der umfassenden Befähigung zur systematisierten Dekonstruktion und systematisierten Neugenerierung von bereits bestehenden gesellschaftlichen Konzepten und Begriffsräumen. Somit mangelt es dem subjektiven Geist an der Eigenschaft, durch die sich der objektive Geist auszeichnet, wohingegen es dem objektiven Geist an der Eigenschaft mangelt, durch die sich der subjektive Geist auszeichnet. Menschen auf dem Level des subjektiven Geistes, trifft man im Verhältnis 1:9 zum objektiven Geist an. Denn die Form schulischer Ausbildung fördert primär Menschen mit der Anlage zum objektiven Geist, die als Funktionsträger tauglicher, obzwar eben weniger kreativ, ihren gesellschaftlichen Dienst zu verrichten wissen. Menschen vom Schlag des subjektiven Geistes bezeichnete man gerne mit dem Begriff des „Leaders", einen chaotisch Kreativen, dessen Maß an Disziplin ihn mal mehr mal weniger gesellschaftlich tauglich sein lässt.

Der objektive Geist erreicht den nächsthöheren Level des absoluten Geistes, wenn es ihm gelingt, sich umfassend die subjektive Seite zu erschließen, über die der subjektive Geist bereits verfügt. Hingegen erreicht der subjektive Geist den Level des absoluten Geistes, wenn es ihm gelingt, sich umfassend die objektive Seite zu erschließen, durch die sich der objektive Geist auszeichnet. In diesem Sinne kann der Level des absoluten Geistes als eine Fusion von subjektivem und objektivem Geist angesehen werden. Der Level des absoluten Geistes kann zudem als die gelebte und durchdrungene Anwendung des absoluten Konstruktivismus beschrieben werden, d.h., als Bewusstheit der absoluten Relativität und relationalen Gültigkeit und Wertigkeit seines Wissens. Der Level des absoluten Geistes ist nicht mehr wirklich ein „Level" sondern vielmehr ein Zustand absoluter Unvoreingenommenheit und Gelassenheit, der nur noch durch organische Schädigung verloren werden kann. Termini wie „Wollen", „Hoffen", „Wünschen", „Zielstreben", „Wahrheit", „Falschheit"," Angst", „Schönheit", „Ethik", „Moral", „Gut", „Böse", etc. verlieren ihre hemmende, dazumal aus Befindlichkeiten generierte, soziokulturell begründete Befüllung. Nichtsdestotrotz stellt der Zustand des absoluten Geistes keinen Entwicklungsendpunkt dar, sondern einen Standpunkt auf höherer geistiger Entwicklungsstufe, von dem aus man mit ganz anderen Voraussetzungen beginnen kann, sich die Welt neu zu erarbeiten bzw. zu erschließen.

Ziel einer umfassenden WA ist es, den Klienten vom Level des Vernunftdenkens oder vom Level des subjektiven / objektiven Geistes auf den des absoluten Geistes zu befördern. Das bedeutet, dass sich die Gruppe von potentiellen WA Klienten auf dem Level des Vernunftdenkens oder höher befinden sollte.

## 6.4 Unterbewusstsein, Vorbewusstsein, Bewusstsein und Bewusstheit

Der absolute Konstruktivismus unterscheidet zwischen „Bewusstsein", „Vorbewusstsein" und „Unterbewusstsein". Angenommen zwei Menschen stehen in einem gewissen Abstand vor einem Berg, den sie betrachten. Dabei betrachtet Mensch A den Berg, um diesen anschließend zu malen, wohingegen Mensch B jenen Berg betrachtet um ihn zu anschließend zu besteigen. Da Mensch A und B verschiedene Absichten verfolgen, nehmen sie den Berg unterschiedlich wahr: So wird der Wahrnehmungsapparat des Bergsteigers eher einströmende Sinnesreize als wichtig und bedeutsam klassifizieren, die Aufschluss über eine günstige Routenwahl und Wetterentwicklung geben, wohingegen der Wahrnehmungsapparat des Malers eher jene Sinnesreize als bedeutsam klassifiziert und eindringen lässt, die Ausschluss über Licht-, Farb- und Konturverhältnisse geben.

Die geistigen Prozesse und Vorgänge, die die einströmenden Sinnesreize hinsichtlich deren Bedeutsamkeit für die anstehende Tätigkeit bewerten und selektieren, sind Bestandteil des Vorbewusstseins. Ebenso sind die für die anstehende Tätigkeit relevanten Umgebungsinformationen und Gedächtnisinhalte (u.a. tätigkeitsspezifisches Erfahrungs- und Handlungswissen) Bestandteile des Vorbewusstseins. Nach dem absoluten Konstruktivismus ist das Vorbewusste also eine Speicher- und Prozessierungseinheit, die Situations- und tätigkeitsspezifische Informationsverabeitungsheuristiken beinhaltet und mit Hilfe dieser situations- und tätigkeitsspezifische Wahrnehmungs- und Gedächtnisinhalte prozessiert und temporär speichert.

Angenommen, der Maler aus dem obigen Beispiel vollendet nun sein Werk und begibt sich auf den Heimweg. In diesem

Falle werden jene Informationsverarbeitungsheuristiken sowie Wahrnehmungs- und Gedächtnisinhalte, die mit dem Malen des Bildes in Verbindung stehen, aus dem Vorbewusstsein gelöscht. An deren Stelle treten nun Informationsverarbeitungsheuristiken sowie Wahrnehmungs- und Gedächtnisinhalte, die primär mit dem Beschreiten des Heimwegs zu tun haben. Das bedeutet jedoch nicht, dass die vorherigen Informationsverarbeitungsheuristiken sowie Wahrnehmungs- und Gedächtnisinhalte für immer verloren und gelöscht sind; vielmehr werden diese in das „Unterbewusstsein" verschoben, aus welchem sie (mehr oder weniger willentlich steuerbar) wieder in das Vorbewusstsein „geladen" werden können. Nach den Thesen des AK ist „Unterbewusstsein" also als ein Speicher für derzeit nicht relevante, aber trotzdem grundsätzlich für den Organismus wichtige Informationen und Verarbeitungsheuristiken anzusehen, die je nach Situations- und Bedürfnislage in das Vorbewusstsein transferiert werden. Ebenso werden im Unterbewusstsein Informationen gespeichert, die zwar zum Zeitpunkt der Reizaufnahme eine gewisse Salienz zugeschrieben bekamen, jedoch nicht zwangsläufig instantan weiterverarbeitet werden müssen.

Nach den Thesen des AK bezeichnet der Begriff „Bewusstsein" die Menge an Informationsverarbeitungsvorgängen sowie Wahrnehmungs- und Gedächtnisinhalte aus dem Vorbewusstsein, welche dem Individuum „bewusst" sind – d.h. diejenigen Entitäten des Vorbewusstseins, über die das Individuum „Bewusstheit" erlangt hat.[26] Dabei gilt: je größer die

---

[26] Hat ein Individuum beispielsweise Bewusstheit über sein Ich-Konzept erlangt, dann ist es sich seiner selbst bewusst. Dabei wird die Bewusstheit über sein Ich-Konzept auch oftmals „Selbstbewusstsein" genannt. Leider wird der Begriff „Selbstbewusstsein" in der heutigen Alltagswelt fälschlicherweise synonym mit dem Begriff „Selbstsicherheit" bzw. „Selbstvertrauen" verwendet.

Bewusstheit eines Menschen für die ihn bestimmenden Funktionsprinzipien (im Vorbewusstsein) ist, umso mehr Möglichkeiten hat er, auf sein inneres und äußeres Geschehen Einfluss zu nehmen. Daher zielt eine individuelle WA unter anderem darauf ab, möglichst viele vorbewusste Prozesse und Informationseinheiten ins Bewusstsein zu heben, um diese daraufhin zu bereinigen oder zu modifizieren. Sind diese Heuristiken einmal „bewusst" bereinigt worden, können sie mit der Zeit wieder als „Automatismus" vorbewusst ausgeführt werden. Dabei kann das Individuum diese Heuristiken jederzeit willentlich ins Bewusstsein rufen – d.h., dass Individuum kann jederzeit Bewusstheit über die besagten vorbewussten Inhalte herstellen. Durch eine umfassende WA erlangt der Klient also allmählich eine umfassende Bewusstheit über seine eigentlich vorbewusst ablaufenden Vorgänge. In diesem Sinne kann die WA als eine Methodik zur Bewusstseinserweiterung verstanden werden. Abbildung 1 visualisiert die verschiedenen interindividuell vorherrschenden Level von Bewusstheit. Dabei korrelieren die fünf visualisierten Bewusstheitslevel stark mit den fünf in Kapitel 6.3 dargelegten Stufen geistiger Entwicklung. Das heißt:

a) der natürliche Geist lebt sein Leben ab und ist absolut „unwissend";
b) der Verstandesdenker ist primär am Durchleben und auf dem Level des „gläubig Seins";
c) der Vernunftdenker verfügt schon über ein etwas wertigeres „Halbwissen" und ist daher sein Leben nicht schlicht am „Durchleben" sondern am „Leben";
d) der subjektive / objektive Geist verfügt schon über eine stark erweiterte Bewusstheit und erlebt sich daher sein Leben;
e) der absolute Geist erlebt sich aktiv das Potential seines Lebens.

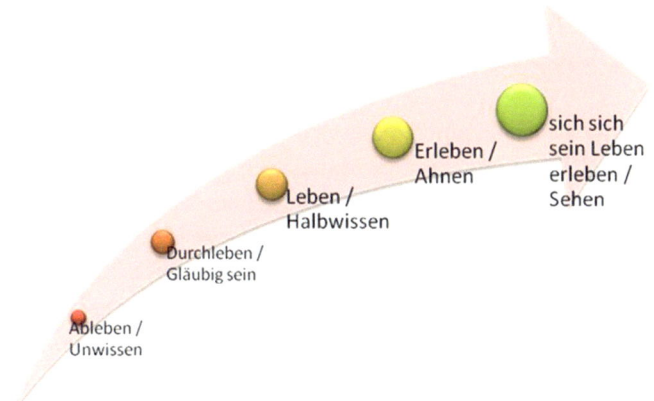

*Abbildung 1: Bewusstheitsstufen*

Nach den Thesen des AK sind alle geistigen Vorgänge und Inhalte von Unterbewusstsein und Vorbewusstsein, über die das Individuum keine Bewusstheit hat, dem Individuum „unbewusst". „Unbewusst" (Adjektiv) wird in diesem Falle im Sinne von „nicht-bewusst" verwendet, wie es auch durch die Vorsilbe „un-" ausgedrückt wird. Zur Domäne der unbewussten Inhalte und Vorgänge zählen also alle nicht bewusst gemachten Inhalte des Vor- und Unterbewussten. Alle Sinnesreize, denen aufgrund mangelnder Salienz (i.e. Bedeutsamkeit / Relevanz für das System in einer gegebenen Situation) der Zugang zum mentalen Apparat versperrt wurde und welche aus diesem Grund nicht gewusst werden können, machen andererseits „das Unbewusste" aus. Aus dem gerade Dargelegten, ist ableitbar, dass die Verwendung des Begriffs „das Unbewusste" keinen Sinn macht, wenn man ihn semantisch mit „das Ungewusste" gleichsetzt. Wir teilen daher mit Ludger Lütkehaus die Einschätzung, dass ein unzuträgliches Erbe, welches uns Freud hinterließ, in der Wiedereinführung des Begriffs des „Unbewussten" zu finden ist (Lütkehaus, 2005). Denn setzt man „Unbewusstes" mit „Ungewusstem" gleich – also mit dem System nie verfügbar gewordenen Informationen – macht es keinen Sinn mehr, darüber zu reden.

## 7. Gedankenschnipsel zum Knabbern und Knacken

Nachdem das Hauptziel dieses Buches – einen inhaltlichen, praxisbezogenen Einblick in die WA samt eines Überblicks ihrer theoretischen Grundlagen zu geben – abgeschlossen ist, soll das folgende Kapitel gewissermaßen als eine Zugabe und Anregung für all diejenigen dienen, die Interesse und Freude am selbständigen Reflektieren und Nachdenken besitzen. Das folgende Kapitel besteht daher aus kürzeren und längeren, thematisch größtenteils nicht aufeinander aufbauenden Erkenntnissen, Denkanregungen, Einzelaussagen, die dem Leser als geistige Genussmittel anheimgestellt werden.

## 7.1 Kürzere Gedankenschnipsel

Der Wert von Wissen ändert sich mit der Umgebung und Zeit. Der Wert von Durchblick ist immer gleich hoch.

\* \* \*

Wenn die Klügeren nachgeben, macht das den Dümmeren den Weg frei.

\* \* \*

Alle a priori, die wir haben, sind a posteriori unserer jeweiligen evolutiven Stufe und gegebenen geistigen Beschaffenheit wie auch darauf fundierten Reife.

\* \* \*

Alles Wissen, das wir haben, wurde auch von uns Menschen konstruiert. Dabei gilt, dass sich das inhaltlich Wertvollere eher selten durchsetzt, wenn es nicht leicht verdaulich formuliert wird.

\* \* \*

Es gibt kein menschlich feststellbares Objekt, das mehr als ein Denkanker wäre.

\* \* \*

Jedes Hirn ist Resonanzboden für innere und äußere Vorkommnisse. Anlage bestimmt die Qualität der Resonanz, erworbene Disziplin ebenfalls.

Um bewusst zu sein, braucht man Bewusstheit seiner selbst und anderer. Denn ohne Gegenüber kann man sich nicht bestimmen.

\* \* \*

Eine echte persönliche Entwicklung kann der Einzelne für sich nicht im Vorhinein definieren. Könnte er es, hätte er sie bereits begangen.

\* \* \*

Vernunft lebt u.a. vom Verstand. Verstand lebt nur allzu oft ohne Vernunft.

\* \* \*

Normales Denken geschieht immer im Abruf von gegebenen Heuristiken als Antwort auf einen emotionalen Affekt. Ist der Affekt traumatischer Natur, da eben mit den vorgefertigten „best practice" Glaubenssätzen nicht operiert werden kann, dann kommt es erst zu wirklich reflektierendem Denken. Der Grund ist einsichtig, wenn man versteht, dass der Mensch energiesparend arbeitet und dass „echtes" Denken, im Sinne von Reflektieren, mehr Energie kostet als das Abarbeiten von erlernten Routinen.

\* \* \*

Verstand haben alle und man kann ihn fördern. Vernunft nur wenige und man muss sie diszipliniert erwerben.

\* \* \*

Gesunden Menschenverstand kann man erwerben, aber nicht kaufen. Wer klug werden will, muss arbeiten ... an sich selbst.

\* \* \*

Strategieberatung und Coaching werden nur getrennt, weil Ausführende eher selten Kompetenz in beiden Bereichen haben.

\* \* \*

Da es die 1 in der Natur nicht zweimal gibt, wird Mathematik immer ein Produkt menschlicher Einbildungskraft bleiben. Aber ein wertvolles.

\* \* \*

Können x Wille = Durchsetzungsfähigkeit. Der vorhandene Durchblick bestimmt Erfolg und Nachhaltigkeit von Handlungen.

\* \* \*

Worte sind Container für Vorstellungen. Verändert man ihre Referenzierungen, verändert man die entstehende Realität. Ähnlich einer Bearbeitung der Registry kommen damit teils erhebliche Effekte zustande.

\* \* \*

Ohne menschliche Wahrnehmung gäbe es keine Naturkatastrophen und keine Politik. Abschaffen?

\* \* \*

Sobald Vernunft und Logik Einzug halten, verflüchtigt sich die Not für ethische Konstrukte und Teamtrainings.

\* \* \*

Beschreiben ist oft schwierig, also schreiben wir lieber zu (siehe dazu auch: Janich, 2010).

\* \* \*

Etwas zu werden, zu sein, ist schwierig, also haben wir lieber etwas.

\* \* \*

Durch Ausräumung emotionaler Blockaden bereinigtes Denken verändert die Verschaltungen im Gehirn nachhaltig positiv.

\* \* \*

Anlage bestimmt Denken und Denken beeinflusst die Hirnausbildung.

\* \* \*

Um Intelligenz zu verstehen, beobachte man rein Dumme. Um reife Klugheit / Weisheit zu verstehen, beobachte man rein Intelligente.

\* \* \*

Nicht die Menge an "gemanagtem" Wissen entscheidet über Erfolge, sondern wie gekonnt das verfügbare, relevante vernetzt und genutzt wird!

Um manche neue Sichtweise erlangen zu können, ist der Entschluss unabdingbar, alte aufzugeben zu wollen.

\* \* \*

Man kann Menschen grob danach scheiden, ob sie Hunger eher im Kopf spüren oder eher im Bauch.

\* \* \*

Positiv zu denken, fällt leichter, wenn man es versteht, in der Gegenwart zu leben.

\* \* \*

Willst Du etwas Gutes, vollbringe es.

\* \* \*

Ein Nagel, der seine Form verliert, verliert auch seinen Namen. So ist es bei Allem.

\* \* \*

Macht man den Bock zum Gärtner, erwarte man kein Verständnis von ihm für Schelte ob seines Tuns.

\* \* \*

Mit Erwerb echter Erkenntnisfähigkeit verliert sich der alte Opferstatus. Das verträgt kein Ego, das schmusige Glaubenssätze zu herzen liebt.

\* \* \*

Wer keine Herrschaft über sich hat, sucht andere zu beherrschen, um Sicherheit zu erlangen.

\* \* \*

Klugheit und Dummheit anerkennen gleichermaßen keine Grenzen.

\* \* \*

Vorstellungen haben Alle. Einige bemühen sich, sie zu verstehen, wenige reflektieren darauf und was darin liegt. Denken ist meist Glückssache.

\* \* \*

Neugier endet mit sicherheitsversprechenden Scheinantworten. Wissbegier nie.

\* \* \*

In Angst antizipieren wir die Möglichkeit künftigen Unglücks. Je weniger Durchblick, umso mehr von ihr.

\* \* \*

Echte Reife klagt nicht an, sondern fragt, urteilt und handelt aus Einsicht.

\* \* \*

Das meist gelebte und gepriesene Wirklichkeitsdenken ist nur ein weitgehend erstarrtes Möglichkeitendenken.

Nur die Einsicht, dass alles sein muss, wie es ist, schafft echte Handlungsfähigkeit und Ansätze für Veränderungen.

\* \* \*

Die feinste Erkenntnis bringt nichts, übersetzt man sie nicht in eine Handlung!

\* \* \*

IQ = Quotient des G(enerellen)F(aktors). Maß der Normerfüllen-können-Tauglichkeit. Hoher IQ ist nicht gleich guter Verstandes- oder Vernunftgebrauch!

\* \* \*

Komplexerer Verstand tendiert dahin zu glauben, auch die Welt und Andere seien komplex, damit wird es kompliziert.

\* \* \*

Wer seinem eigenen Urteil nicht traut und sich nicht anzuerkennen weiß, kann auch keines Anderen Urteil trauen und niemanden anerkennen.

\* \* \*

Deutschland hat die Mediokratie erfolgreich verwirklicht ... und nun?

\* \* \*

Wer seinen Blick und seine Kunst auf sein Selbst anzuwenden versteht, kann die gefundene Distanz zum Anderen goutieren und daran wachsen und erst seine eigenen Pfründe sinnvoll darstellen.

\* \* \*

Jedes in der sogenannten Empirik zur Anwendung kommende Instrument ist nur so gut, wie die Theorie, auf welcher basierend es geschaffen wurde.

\* \* \*

Der Spagat zwischen Aktualzustand und möglicher persönlicher Reife nimmt mit steigendem IQ drastisch zu.

\* \* \*

Eine höhere Vernetzung im Denken anzustreben bringt nur dann etwas, wenn die prozessierten Zielideen und Begriffe gut bereinigt wurden.

\* \* \*

Der Wert von Erfahrung ist Äquivalent der Güte ihrer gekonnten Verarbeitung und sukzessiven Verinnerlichung gewonnener Erkenntnis.

\* \* \*

Kennt auch das Sein an sich keine Probleme und Widersprüche, der Mensch begründet sie behauptend durch Anwendung seiner Sprachen. Tiere kennen nur Zustände, keine Probleme.

\* \* \*

Selbstzweifel kommt auf, wenn keine gekonnte Selbstkritik zustande kommt.

\* \* \*

Auch ein "Ich" ist beobachteter Effekt einer Systemdarstellung, lernt man seine Wirkgrößen kennen, kann man es kontrollieren und entwickeln.

Verstanden, dass "Gravitation" ein beobachteter Effekt ist, bleibt wohl lange noch dunkel, welche Kraft ihn verursacht.

\* \* \*

Zitate und Präferenzen haben gemeinsam, für Jedermann zu sein, der selten weiß, wie sie zustande kamen, aber unter ihrem Mäntelchen glänzen mag.

\* \* \*

Das Leben wird nicht schneller. Wir werden nur immer ungeduldiger.

\* \* \*

Das Maß, in dem wir uns bewältigen, bestimmt das Maß unseres Einflusses auf unsere Umgebung.

\* \* \*

Charisma speist sich aus Souveränität und Integrität. Das erklärt den Schwund an echten Charismatikern in unserer Gesellschaft.

Gesellschaften glauben so lange, dass reine Intelligenzbeförderung ausreiche, bis sie am Mangel an gesunder Urteilskraft einzugehen beginnen.

\* \* \*

Interessanter und informativer als über Außenreize nachzudenken, ist meist die Frage, warum wir manche Reize überhaupt bedenken wollen.

\* \* \*

Fach- und Sachkompetenz legt die Richtung fest, entscheidend für Erfolg ist zuletzt die persönliche Kompetenz.

\* \* \*

Persönlichkeit? Jeder hat sie, aber kaum jemand ist eine.

\* \* \*

Normales Coaching = Taschenlampe im Stadion. Wissensaktivierung = Flutlicht vom Zeppelin darüber.

\* \* \*

Der Wert von Erfahrungswissen ist direkt proportional vom erworbenen, nüchternen Durchblick abhängig.

\* \* \*

Setzt man „der Wille" und „das Wollen" synonym, was heißt das dann für die Debatte um einen wenig ausdefinierten Gegenstand „freien Willens"? Könnten wir dann nicht auch über die „freie Hüpfburg" debattieren? Wie viel Sinn macht es, etwas zu diskutieren, dass man auf gegenwärtigem Erkenntnislevel nicht mal zu definieren weiß?

\* \* \*

Wenn Natur nur ein Begriff ist, was heißt das dann für das Prädikat natürlich?

\* \* \*

Denken besteht meist im Verarbeiten von emotivem Affekt. Nur Reifen hilft da weiter.

\* \* \*

Bildung diente ursprünglich dem Erwerb von Erkenntnisfähigkeit. Heute ist sie zu bewusstloser Wissenshorterei verkommen.

\* \* \*

Die Qualität aller Fertigkeiten (körperlicher und geistiger) hängt von grundlegenden Fähigkeiten ab. Übliches Coaching befördert bestenfalls die Fertigkeiten.

\* \* \*

Mensch = Bestandteil der Natur. Seine Tendenz zur Umweltverschmutzung = natürlich. Aber Nestbeschmutzung bleibt trotzdem dumm.

\* \* \*

Der Erfolgsschlüssel für Asien: Europäer fragen, was für Dinge man tun muss, Asiaten aber, wie man Dinge tut.

\* \* \*

Normales Denken / Erkennen nimmt soziale und psychologische Effekte wahr. Gehobene Erkenntnis kommt zur Definition von wirksamen Kräften im Zusammenleben.

\* \* \*

Freude oder Leid zu empfinden, ist Entscheidungssache für aufgeklärten Verstand.

\* \* \*

Wenn das Leben schon tödlich endet, sollte man in der Zwischenzeit was daraus machen.

\* \* \*

Nur systematisiertes Erfahrungswissen lässt sich sinnvoll weitergeben. Und dazu muss Kommunikation beherrscht werden.

\* \* \*

Alle menschlichen Handlungen sind wunsch- und damit vorstellungsbegründet.

\* \* \*

Es fehlt den Leuten nicht an Hirn, nur an der Gebrauchsanleitung!

Ausbildung macht funktionstüchtig, Bildung lebensfähig.

* * *

Was wir besiegen, verlieren wir. Was wir überwinden, gewinnen wir.

* * *

Naturnahe, lebende Systeme verfolgen eine Bedürfnisbefriedigung, Systeme mit einem evolvierten Bewusstsein ihrer, wie der Mensch, verfolgen eine Wunschbefriedigung.

* * *

## 7.2 Etwas längere Denkanregungen

Ähnlich der Vorgänge beim Fixieren und Fangen eines auf uns zu fliegenden Balles, finden annäherungswertige Berechnungsvorgänge nicht linearer Natur im alltäglichen Geschehen häufig in uns statt, ohne dass wir dies wahrnehmen. Und ähnlich unserer Kunstfertigkeit beim effektiven Fangen des Balles hängt die Wertigkeit des Ergebnisses solcher Operationen sowohl von unserer Anlage wie auch von unserem Geübtsein im Betreiben der Vorgänge direkt ab. Grundsätzlich kann gesagt werden, dass alle nicht (end-)verbalisierten Vorgänge sogenannten Bedenkens solange intuitiver Natur bleiben, bis eine reduzierende Verbalisierung zu deren Vermittlung getätigt wird. Dabei ist unerheblich, ob diese Verbalisierung internaler oder externaler Orientierung ist.

*\*\**

Alle Widersprüche / Unvereinbarkeiten die der Mensch formuliert und teils logisch unterfüttert sieht, sind letztlich seine eigenen Konstruktionen. Die Empfindung, besser: das Gefühl von Unvereinbarkeit, entspringt einer emotional belasteten Bewertung von Erfahrung und Erkenntnis seiner Umwelt. Holt man die mythogenen Begriffe aus seinem Denken heraus und klärt seine Weltsicht, verlieren sich alle Widersprüche und er wird eins mit dem Vorhandenen. Diesen Reifelevel erreicht kaum ein Gesellschaftsmensch, der unter dem Zeichen von Vergleichbarkeit und Wettbewerb erzogen wird.

*\*\**

Ressource, genetische Anlage und Perspektive bestimmen, was Mensch sich wünscht und welchen Erfolg er bei seiner Wunscherfüllung hat. Unter Ressource fallen Bedingungen für sein Wachstum, wie soziale Kontakte und finanzielle Ausstattung, unter genetische Anlage sein geistiges Potenzial für Wahrnehmung, Denken und Erfahrungsumsetzung, unter Perspektive sind seine Glaubensinhalte zu verstehen, die ihn seine Wünsche und Positionsfindung betreiben lassen. Die Perspektive, der Blick auf sich selbst und die Welt, beeinflusst umfangreich, ob aus Ressource und Anlage Erfüllendes gewonnen werden kann.

\* \* \*

Gesellschaften tragen einerseits zur menschlichen Geistesentwicklung bei, da sie dem Individuum eine verbesserte Überlebensumgebung bieten und blockieren gleichzeitig dieselbe enorm. Wie kann das sein? Durch die Etablierung von allgemein gültigen Gesetzen entsteht ein Orientierungsrahmen für die Bürger, der ihnen eine gewisse Sicherheit hinsichtlich der Reaktion Anderer auf die persönlichen Handlungen verspricht. Das Individuum kann vorhersehen, was passiert, wenn es seinen Wünschen und Trieben folgt und es kann dieses gewünschte Leben in dem erlaubten Rahmen planen. Dies wird Alltag genannt. Doch ist es falsch zu sagen, dass Regeln und Gesetze, auch ungeschriebene, den Alltag bestimmen; sie bestimmen in erster Linie wie der Bürger die Umwelt wahrnimmt und wie er sie und sich selbst denkt. Ist sie technologisch höherentwickelt als vergleichbare Kulturen, verspricht ihm dies meist eine höhere Bequemlichkeit und Lebensqualität als in weniger entwickelten Kulturen, gleichzeitig jedoch lebt er damit auch in einem komplexeren System, das ihn in einer konformen Denkart ausbilden muss, da es störanfälliger gegen Ausreißer geworden ist. Die nötige Prägung der Bürger auf Funktionalität nach deren Anlage geschieht in den Schulsystemen. Jedoch liegt darin auch die Crux. Je angenehmer die Gesellschaften sich im Nationenvergleich präsentieren, um so mehr sind ihre Mitglieder überzeugt, dass sie alleine den nötigen Verstand und das Wissen haben, um so eine Umgebung überhaupt gebaut haben zu können und ihnen wird parallel die Grundlage für den Entwicklungswunsch entzogen.

\* \* \*

Je näher wir an gedachte Materie heranzoomen, umso weniger bleibt von ihr. Bis heute haben wir keinen kleinsten Punkt gefunden, der dem alten Materiebegriff genügte. Und wir werden auch keinen finden. Zuletzt stoßen wir immer auf Kräfte und etwas, das wir „Felder", als Wirkräume dieser Kräfte verstanden, nennen. Wer das versteht, sollte auch verstehen, dass ein Körper / Seele-Dualismus nichts weiter als ein kindliches, naives Weltbild ist. Andererseits wurmt es uns gewaltig, dass wir unseren „Geist" nicht in den Griff bekommen. Eigentlich wenig verwunderlich, da wir noch am Beginn einer Begriffsbildung für ihn, im Sinne unseres Bewusstseins und „Ich" stehen. Er superveniert einfach über einem immateriellen Feldareal, das in seiner Ausprägung die Reaktivität von Sinnen darstellt und prozessiert sehr „geheimnisvoll" was „Umwelt" über diese in ihm anregt. Wahrhaft kränkend, da wir doch so lange wussten, dass Götter ihn und uns schufen. Und jetzt muss man das Thema wieder aufrollen… und sich der herrschenden Emergenz entledigen.

# 8. Über die Autoren

## Armin Rütten

Armin Rütten ist der Methodenentwickler der Wissensaktivierung und Begründer der philosophischen Richtung des, im Buch vorgestellten, Absoluten Konstruktivismus.
Dabei sind die Methodik und das ihr zu Grunde liegende Theoriengebäude, Resultat langjähriger, intensiver Auseinandersetzung, sowohl praktischer, als auch theoretischer Art, mit verschiedensten wissenschaftstheoretischen Fragestellungen der Philosophie und zum Wirtschaftsgeschehen. Enthalten darin sind Wahrnehmung/Emotion, Denken und intuitive Vorgänge, unterfüttert durch Wirtschaftsführungserfahrungen im internationalen Handel von 1991 -1995.
Sein biographischer Hintergrund gewährleistet dabei eine zusätzliche Expertise in Counseling, Consulting und Supervision, weshalb seine besonderen Fähigkeiten strukturanalytischen Bedenkens von Problem- und Aufgabenstellungen in der Paarung immer wieder zu innovativen und meist unerwartet abkürzenden Ergebnissen führen, die mit üblichen rezeptartigen, vorgefertigten Verfahrensweisen in der Beratung nicht erreicht werden können.
Dass der Terminus „Philosoph" nicht allein mit dem angestaubt gedachten Gelehrtendasein in Elfenbeintürmen assoziiert werden muss, zeigt der ausgebildete Kampfkünstler, Taucher und Kletterer bis in den 10. Grad (UIAA) immer wieder deutlich auf.
Seine lebendige Vortragsgestaltung und Seminargabe entlässt erfahrungsgemäß und erwiesenermaßen einen inspirierteren Geist.

**Kontakt:** armin.ruetten@wissensaktivierung.de

## Luca Pogoda, M.Sc.

Der studierte Kognitionswissenschaftler mit besonderer Expertise in der Philosophie des Geistes, Neurowissenschaft, Psychologie, Neuroinformatik und Methodenlehre, schrieb seine Masterarbeit unter Verwendung des EEG. Er schafft die gelungene Verzahnung der natur- und geistes-, sowie gesellschaftswissenschaftlichen, universitären Disziplinen mit den internen Prozessen der Wissensaktivierung.
Seine Promotion mit dem Forschungsschwerpunkt Neuroökonomie, in der multivariaten Analyse von funktionalen MRT Daten und zu den neuronalen Grundlagen der Entstehung von Konsumentenpräferenzen, sowie seine langjährige Zusatzausbildung zum Wissensaktivierungspraktiker, machen ihn im Feld der Persönlichkeitsentwickler, mit oft zweifelhaften Hintergründen, zu einem gewichtigen und hochqualifizierten Unikat.
Er ist affiliierter Forscher am „Center for Economics and Neuroscience" (Universität Bonn) und an der „Bonner Universitätsklinik für Epileptologie" (Forschungsebene Gehirn) und hat eine mitwirkende Lehrtätigkeit im Modul „Decision making neuroscience" im Masterstudiengang „Neuroscience", an welchem beide Institute maßgeblich beteiligt sind.
An diversen deutschen Hochschulen hat er Dozenturen inne für Methodenlehre & Statistik, Bio-, Neuro- & Allgemeine Psychologie und Wirtschaftsethik.
Sein Profil rundet der Kampfkunstausbilder und ehemalige Wettkampfkletterer noch als Bergprofi und Skifahrer ab.
luca.pogoda@wissensaktivierung.de

**Kontakt:** luca.pogoda@wissensaktivierung.de

# 9. Literaturverzeichnis

**Bojowald,** M. (2010). *Zurück vor den Urknall*. Frankfurt: Fischer.

**Deppert,** W. (1997). Hierarchische und ganzheitliche Begriffssysteme. In G. Meggle, *Analyomen 2 – Perspektiven der analytischen Philosophie* (Bd. I, S. 214-225). Berlin: De Gruyter.

**Deppert,** W. (2001). Individualistische Wirtschaftsethik. In W. Deppert, D. Mielke, & W. Theobald, *Mensch und Wirtschaft: Interdisziplinäre Beiträge zur Wirschtschafts und Unternehmensethik* (Bd. I, S. 133-197). Leipzig: Leipziger Universitätsverlag.

**Deppert,** W. (1996). Mythische Formen in der Wissenschaft – Am Beispiel der Begriffe von Raum, Zeit und Naturgesetz. In I. Kassavin, V. Porus, & D. Mironova, *Wissenschaftliche und Außerwissenschaftliche Denkformen* (S. 274-291). Moskau: Zentrum zum Studium der Deutschen Philosophie und Soziologie.

**Deppert,** W. (2006). Relativität und Sicherheit. In M. Rahnfeld, *Gibt es sicheres Wissen?* (S. 90-188). Leipzig: Leipziger Universitätsverlag.

**Deppert,** W. (2008-2010). *Theorie der Wissenschaft – Vorlesung an der Christian-Albrechts-Universität zu Kiel.*

**Elias,** N. (2004). *Was ist Soziologie?* (10. Ausg.). München: Juventa.

**Eysenck,** M. W., & **Keane**, M. T. (2010). *Cognitive Psychology* (6. Ausg.). New York: Psychology Press.

**Foucault,** M. (1996). *Diskurs und Wahrheit: Berkely Vorlesungen 1983.* (J. Pearson, Hrsg., & M. Köller, Übers.) Berlin: Merve.

**Fromm,** E. (2007). *Haben oder Sein* (35. Ausg.). München: Deutscher Taschenbuch Verlag.

**Hegel,** G. W. (1807). *Die Phänomeneolgie des Geistes*.

**Hegel,** G. W. (1817). *Enzyklopädie der philosophischen Wissenschaften im Grundrisse III*. Heidelberg.

**Horkheimer,** M., & **Adorno**, T. W. (2006). *Dialektik der Aufklärung* (16. Ausg.). Frankfurt am Main: Fischer.

**Hume,** D. (1758/1982). *An Enquiry Concerning Human Understanding (Original)/Eine Untersuchung über den menschlichen Verstand (deutsche Übersetzgnung).* (H. Herring, Hrsg., & H. Herring, Übers.) Stuttgart: Reclam.

**Janich,** P. (2010). *Der Mensch und andere Tiere: Das zweideutige Erbe Darwins*. Frankfurt a.M.: Suhrkamp.

**Kant,** I. (1787). *Kritik der reinen Vernunft*. Königsberg.

**Lütkehaus,** L. (2005). *Dieses wahre innere Afrika: Texte zur Entdeckung des Unbewußten vor Freud*. Gießen: Psychsozial Verlag.

**Maslow,** A. A. (1985). *Psychologie des Seins*. Frankfurt am Main: Fischer.

**Rogers,** C. R. (2005). *Die klientenzentrierte Gesprächspsychotherapie* (17. Ausg.). Frankfurt am Main: Fischer.

**Rogers,** C. R. (2006). *Entwicklung der Persönlichkeit* (16. Ausg.). Stuttgart: Klett-Cotta.

**von Glasersfeld,** E. (1997). *Radikaler Konstruktivismus – Ideen, Ergebnisse, Probleme.* (K. Wolfram, Übers.) Frankfurt am Main: Suhrkamp.

**Wikipedia,** (2012). *Naturwissenschaft*. Abgerufen am 31.3.2012 von http://de.wikipedia.org/wiki/Naturwissenschaft

**Wikipedia,** (2012). *Objektivität*. Abgerufen am 31.3.2012 von http://de.wikipedia.org/wiki/Objektivit%C3%A4t

**Wikipedia,** (2012). *Pechtropfenexperiment*. Abgerufen am 15. 6 2012 von http://de.wikipedia.org/wiki/Pechtropfenexperiment

**Wikipedia,** (2012). *Urmeter*. Abgerufen am 15. 6 2012 von http://de.wikipedia.org/wiki/Urmeter

**Wikipedia,** (2012). *Wissensaktivierung* . Abgerufen am 22.6.2012 von http://de.wikipedia.org/wiki/Wissensaktivierung